BERATEN IN DER ARBEITSWELT

Herausgegeben von
Stefan Busse, Rolf Haubl, Heidi Möller und Silja Kotte

Klaus Eidenschink / Ulrich Merkes

Entscheidungen ohne Grund
Organisationen verstehen und beraten

Eine Metatheorie der Veränderung

Mit einer Abbildung

Vandenhoeck & Ruprecht

Bibliografische Information der Deutschen Nationalbibliothek:
Die Deutsche Nationalbibliothek verzeichnet diese Publikation in der
Deutschen Nationalbibliografie; detaillierte bibliografische Daten sind
im Internet über https://dnb.de abrufbar.

Umschlagabbildung: rudall30/shutterstock.com

Satz: SchwabScantechnik, Göttingen
Druck und Bindung: ⊕ Hubert & Co. BuchPartner, Göttingen
Printed in the EU

Vandenhoeck & Ruprecht Verlage | www.vandenhoeck-ruprecht-verlage.com

ISSN 2625-6061
ISBN 978-3-525-40759-2

Inhalt

Zu dieser Buchreihe

Die Reihe »Beraten in der Arbeitswelt« wendet sich an erfahrene Beratende und Personalverantwortliche, die Beratung beauftragen, die Lust haben, scheinbar vertraute Positionen neu zu entdecken, neue Positionen kennenzulernen, und die auch angeregt werden wollen, eigene zu beziehen. Wir denken aber auch an Kolleginnen und Kollegen in der Aus- und Weiterbildung, die neben dem Bedürfnis, sich Beratungsexpertise anzueignen, verfolgen wollen, was in der Community praktisch, theoretisch und diskursiv en vogue ist. Als weitere Zielgruppe haben wir mit dieser Reihe Beratungsforschende, die den Dialog mit einer theoretisch aufgeklärten Praxis und einer praxisaffinen Theorie verfolgen und mitgestalten wollen, im Blick.

Theoretische wie konzeptuelle Basics als auch aktuelle Trends werden pointiert, kompakt, aber auch kritisch und kontrovers dargestellt und besprochen. Komprimierende Darstellungen »verstreuten« Wissens als auch theoretische wie konzeptuelle Weiterentwicklungen von Beratungsansätzen sollen hier Platz haben. Die Bände wollen auf je rund 90 Seiten den Leserinnen und Lesern die Option eröffnen, sich mit den Themen intensiver vertraut zu machen, als dies bei der Lektüre kleinerer Formate wie Zeitschriftenaufsätzen oder Hand- oder Lehrbuchartikeln möglich ist.

Die Autorinnen und Autoren der Reihe werden Themen bearbeiten, die sie aktuell selbst beschäftigen und umtreiben, die aber auch in der Beratungscommunity Virulenz haben und Aufmerksamkeit finden. So werden die Texte nicht einfach abgehangenes Beratungswissen nochmals offerieren und aufbereiten, sondern sich an den vordersten Linien aktueller und brisanter Themen und Fragestellungen von Beratung in der Arbeitswelt bewegen. Der gemeinsame Fokus liegt dabei auf einer handwerklich fundierten, theoretisch verankerten und gesellschaftlich verantwortlichen Beratung. Die Reihe versteht sich dabei als methoden- und schulenübergreifend, in der nicht einzelne Positionen prämiert werden, sondern zu einem transdisziplinären und interprofessionellen Dialog in der Beratungsszene angeregt wird.

Wir laden Sie als Leserinnen und Leser dazu ein, sich von der Themenauswahl und der kompakten Qualität der Texte für Ihren Arbeitsalltag in den Feldern Supervision, Coaching und Organisationsberatung inspirieren zu lassen.

Stefan Busse, Rolf Haubl, Heidi Möller und Silja Kotte

1 Grundlegende Überlegungen

»Alles sollte so einfach wie möglich gemacht werden,
aber nicht einfacher.«[1]
Albert Einstein

1.1 Ziel und Absicht

Wir verbinden eine Hoffnung und zwei Absichten mit diesem Buch.

Die Hoffnung ist, Leserinnen und Leser zu finden, die Freude beim Mit-Denken haben und wissen, dass man Gedanken, wenn sie unvertraut sind, wie guten Wein ertasten und ergründen muss. Dies kann einem weder der Wein noch das Buch abnehmen.

Die erste Absicht, die wir verfolgen, ist es, ein Verständnis von Beratung vorzustellen, dessen wesentliche Leistung darin besteht, vorhandene Theorien zur Dynamik von Psyche, Gruppen und Organisationen in ihrem Perspektivenreichtum integrativ zu nutzen. Dazu muss man ihre Unterschiedlichkeit und Widersprüchlichkeit nicht auflösen, sondern zuordnen können. Dies geschieht dadurch, dass wir ein Theoriedesign anbieten, in dem Polaritäten und Spannungen unerlässlich und willkommen sind. Wir wählen die Bezeichnung *meta-theoretisch,* weil damit ein Rahmen aufgespannt wird, der sehr disparaten Theorien eine sinnvolle Funktion und Landkarte gibt.

In diesem Text beschränken wir uns auf den organisationstheoretischen Aspekt unserer Arbeit. Die Beschäftigung mit einer Vielzahl pragmatischer Beratungsweisen, Managementmoden, Organisationstheorien, deren ungünstigen Einseitigkeiten und Konkurrenz hat uns immer wieder frustriert. Das hat uns nach einem Theorieansatz suchen lassen, der dem, was in Beratung und Management funktioniert, einen sinnvollen Platz gibt und der gleichzeitig erklären kann, warum

---

1 https://www.zitate.eu/autor/albert-einstein-zitate/79661.

manches unter spezifischen Umständen eben auch nicht funktioniert oder unpassend ist. Wir versuchen, zu differenzieren und einzuordnen und dabei offen zu bleiben für Neues.

Die andere Absicht ist, verbreitete Annahmen über (Wirtschafts-) Organisationen zu hinterfragen. Unsere Beobachtung ist, dass viele Organisationstheorien und viele Vorgehensweisen in der Beratungspraxis ungünstige (denkerische) Prämissen enthalten. Man sucht nach dem Optimalen und Richtigen (Kühl, 2002), nach besserer Kontrolle (von Oetinger, 2000), nach mehr Motivation und mehr Humanität (Gairing, 2002, 2017; Kieser, 2001, S. 101 ff.) – man versucht, zu verbessern. Diese Verbesserungskonzepte sind explizit oder latent normativ. Sie beruhen auf der Idee, eine Organisation könne wie ein Auto optimiert, wie ein Haus renoviert oder wie ein Sportler, eine Sportlerin trainiert werden. Auch wenn dies natürlich zum Teil irgendwie geht, verfehlt man aus unserer Sicht das Eigentliche am Phänomen Organisation. Dieses Eigentliche ist, dass Organisationen eine Theorie brauchen, die erklärt, wieso soziale Systeme nicht ohne Konflikt auskommen, wieso alles Passende auch Unpassendes erzeugt, warum es keine konsistenten und widerspruchsfreien Zielkonzepte geben kann, warum Komplexität grundsätzlich überfordert, warum Kommunikation der Kernprozess von Organisationen ist – in Summe: warum Organisationen nur durch ständigen Zerfall stabil bleiben können! Schon an dieser Formulierung mag man erkennen, dass man nicht ohne Paradoxien auskommt, will man Organisationen verstehen (Clam, 2004).

Wir wollen eine Organisationstheorie und eine darauf bauende Beratung skizzieren, die die inneren Widersprüche von Organisationen nicht auslöschen wollen, sondern ihnen gewachsen sind und sie zu nutzen wissen. Komplexität, Wandel, Unkalkulierbarkeit, Multiperspektiven, Konflikte, Viel- und Doppeldeutigkeiten sind das Fundament unserer Überlegungen (Clam, 2002). Die Folgen dieser Denkart sind herausfordernd: mehrwertige Logik, Rückbezüglichkeiten, perspektivengebundene und doppelte Wahrheiten, Paradoxien und eine Entscheidungstheorie, die sich nicht auf objektive Richtigkeit bezieht, sondern Entscheidungen als ein Geschehen »ohne Grund« ansieht. Unsicherheit wird so zur wesentlichen und notwendigen Ressource.

1.2 Prämissen

Um dies denkerisch abbilden zu können, darf und kann man nicht mit Mitteln arbeiten, die auf einer klassischen rationalen, zweiwertigen Logik aufbauen, sondern die das »Dritte«, die Perspektive, aus der etwas beobachtet wird, mit ins Kalkül nehmen. Damit steht unsere Denkart in der Tradition der Systemtheorie, wie sie von Niklas Luhmann (1987, 2000a, 2005a, 2012a) und vielen seiner Schülerinnen und Schüler (Baecker, 2003, 2011; Fuchs, 2015; Kühl, 2011; Nagel u. Wimmer, 2002; Wimmer 2004; Wimmer, Glatzel u. Lieckweg, 2014) entwickelt worden ist. Wir wollen die Merkmale dieses denkerischen Zugangs in sechs Punkten skizzieren.

▶ Organisationen sind Prozess und nicht Ding

Wir sehen die Aufgabe einer Organisationstheorie nicht darin, zu klären, *was* Organisationen sind oder idealerweise sein sollten, sondern *wie* sie sich organisieren und wie dieser »Prozess des Organisierens« beeinflusst werden kann (Weick, 1998). Die Stabilität der Organisation wird so das erklärungsbedürftige Phänomen. Der Blick richtet sich dann nicht primär auf die Veränderung, sondern auf die Fähigkeit von Organisationen, Funktionales wie Dysfunktionales dauerhaft aufrechtzuerhalten. Ein solches Denken in Funktionalitäten erlaubt es, Veränderung wie Stabilisierung als wichtig anzusehen. Jedes Ereignis einer Organisation ist singulär und trägt nur dann zu einer Stabilität bei, wenn sich Strukturen ausbilden. Man kann als Telekomvorstand nicht einfach ein Stahlwerk kaufen wollen. Das würde als unpassend angesehen werden. Strukturen – »Wir verkaufen Kommunikationsmöglichkeiten.« – schränken den Fundus ein, aus dem die Organisation wählen und entscheiden kann. Organisationen sind folglich laufend damit beschäftigt, wie sie ihre Möglichkeiten zugleich (!) begrenzen und aufrechterhalten. Sie müssen sich ihre Entscheidungen »merken« und dabei ständig abtasten, ob sie die gebildeten Strukturen gegen die Umwelt »verteidigen« oder sich selbst an die Umwelt »anpassen«. In hochdynamischen Umwelten braucht es eine Theorie, die die organisationale Überprüfung dieses »Abtastens« zu reflektieren hilft. Wir stellen mit unseren Leitprozessen ein Analyseschema zur Verfügung, das hierzu dient. Damit erweitern und präzisieren wir das Konzept der Entscheidungsprämissen von Luhmann (2000a, S. 222 ff.).

▶ Organisationen kultivieren Konflikte

So wie sich Organismen nicht zeitgleich anspannen und entspannen können, so wie die Psyche nicht gleichzeitig Nähe und Distanz genießen kann, so wie Teams nicht gleichzeitig etwas als erwünscht und unerwünscht definieren können – so können auch Organisationen nicht gleichzeitig an der gleichen Stelle Wertpolaritäten realisieren. Sie müssen – um nur einiges von dem zu nennen, was wir ausführlich beschreiben werden – einen Weg finden, sich am Innen wie am Außen zu orientieren, Regeln wie Freiräume zu etablieren, mit Vertrauen wie mit Kontrolle zu operieren … Wie alle Systeme müssen sie sich in Unvereinbarkeiten bewegen – und daher entscheiden. Wenn man versteht, welchen Entscheidungszwängen Organisationen ausgesetzt sind, ermöglicht dies, viele Geschehnisse – auch vermeintlich absurde – theoretisch so einzuordnen, dass ihre innere Logik sichtbar wird.

▶ Organisationen sind Viel-Zweck-Instrumente

Wertkonflikte sind Alltag und Notwendigkeit. Daher entziehen sich Organisationen dauerhaften Optimierungen und müssen ständig in

Bewegung bleiben, um ihren Regulationsnotwendigkeiten gerecht zu werden. Somit scheidet ein unterkomplexes Verständnis, in dem Organisation als (maschinelles) Mittel zu *einem* Zweck gesehen wird, aus (Kühl, 2011; Simon, 2007). Sie sind eher »Viel-Zweck-Instrumente«, die ihren Mitgliedern, ihren Kunden, ihren Inhaberinnen, ihren Kreditgebern und damit in Summe ihrem eigenen Überleben dienen. Das Überleben von Organisationen setzt nämlich voraus, dass sie viele relevante Umwelten (zur Unterscheidung System/Umwelt siehe Simon, 2006, S. 85 ff.) berücksichtigen können, weil sie sich in vielen Funktionssystemen der Gesellschaft bewegen müssen oder mit ihnen verflochten sind: Wirtschaft, Recht, Politik, Massenmedien, Erziehung, Wissenschaft (vgl. dazu einführend Luhmann, 2004). Jede Organisation schafft Stabilität durch ein Geflecht an sich höchst unwahrscheinlicher organisationaler Leistungen, die einander bedingen, voneinander abhängen und einander voraussetzen. Die »Erzeugnisse« an der einen Stelle lassen sich oft nicht ohne Änderungen an anderer Stelle variieren, sodass sich schon aus diesem Grund Organisationen mit Veränderungen schwertun. Nicht zuletzt deshalb entstand eine »Poesie der Reformen« (Luhmann, 2000a, S. 330), die mit der nüchternen Wirklichkeit vieler Change-Projekte in starkem Kontrast steht.

▶ Organisationen sind Kommunikation (über Entscheidungen)

Soziale Systeme – und als solche verstehen wir Organisationen – bilden kommunikative Muster, die von Menschen getragen sind, aber von ihnen nicht kontrolliert werden können und auch nicht aus ihnen »bestehen« (Luhmann, 1987, 2000a, S. 39 ff.). Organisationen führen unabhängig von den Motiven der Mitglieder ein Eigenleben, das sich um den Fokus rankt, dass ununterbrochen Entscheidungen getroffen, kommuniziert und stabilisiert werden müssen (Luhmann, 2005a, S. 416 f.). Entscheidungen *in Organisationen* (!) sind *kommunikative* Vorgänge, kein Vorgang im Kopf eines Individuums. Daher können Mitglieder von Organisationen nicht allein Entscheidungen treffen oder vorhandene verändern, weil sie immer auch darauf angewiesen bleiben, wie ihre Mitteilungen von anderen verstanden und aufgenommen werden. Entscheiden ist ein kommunikativer Akt und damit ein soziales Phänomen.

▶ Organisationen erzeugen stabile Muster

Organisationen *brauchen zur Umweltorientierung Stabilität* und müssen, um Stabilität zu gewinnen, Komplexität reduzieren: das und nicht jenes, so und nicht anders, hier und nicht dort, der und nicht jene, heute und nicht morgen. Dieser Abbau von Unsicherheit läuft über Entscheidungen. Diese schaffen für einen gewissen Zeitraum, für bestimmte Mitglieder zu einer bestimmten Sachfrage Sicherheit (Luhmann, 2000a, S. 183 ff.). Darum bestehen Organisationen aus der Kommunikation über Entscheidungen, die jeweils Grundlage, Anknüpfungspunkt und Anschlussstelle für weitere Entscheidungen (und damit Identität und Stabilität) schaffen.

▶ Organisationen sind zeitlich und damit paradox

Daraus folgt fast zwangsläufig, dass sich Organisationen als soziale Systeme kontinuierlich in Paradoxien verstricken, die allem Entscheiden innewohnen (siehe dazu Luhmann, Maturana, Namiki, Redder u. Varela, 2003, S. 119 ff.). »Verstricken« meint hier, dass keine Entscheidung für alle richtig, nebenwirkungsfrei, verlässlich, widerspruchsfrei und mit der restlichen Organisation abgestimmt sein kann. Organisationen organisieren folglich das Managen unerwünschter, unerwarteter, ungeplanter, in Kauf genommener Nebenfolgen (Fritz, 2000). Dies ist der wesentliche Grund, warum eine Theorie über die Dynamik von Organisationen neben der Sachdimension (Problemlösungen) und der Sozialdimension (Zusammenarbeit und Führung) essenziell die Zeitdimension reflektieren muss. Nur in und über Zeit können Paradoxien in Organisationen bearbeitet werden. Wenn Zukunft sowohl als gestaltbar und gestaltungsbedürftig angesehen wird, sich aber auch als unvorhersehbar und überraschungsreich jeglicher Kontrolle entzieht, dann braucht eine Organisationstheorie ein Verständnis von Zeit, das über die triviale Vorstellung eines gleichförmig verlaufenden Zeitstrahls hinausgeht. Damit gerät man allerdings in Konkurrenz zu grundlegenden Fundamenten naturwissenschaftlichen Denkens (Gendlin, 2015; Günther, 1991; Luhmann, 2008; Picht, 1969, 1991, 1999; von Foerster, 1999; von Weizsäcker, 1992; Whitehead, 1987), da man davon ausgehen muss, dass sich Organisationen nicht mit der Unterscheidung »richtig und falsch« denken und lenken lassen (siehe Luhmann et al., 2003, S. 132). Stattdessen werden die Fragen komplexer: Welche Entscheidung über ein Problem ist für wen zu einem gewählten Zeitpunkt im Hinblick auf welchen Kontext für welchen Zeitraum mit welchen Nebenfolgen und mit welchen Zielsetzungen auf welche Weise kommuniziert passend und unpassend?

Metatheoretisch nennen wir unseren Ansatz deshalb, weil wir unterschiedliche Theorien auf ihre Prinzipien untersucht haben und daraus eine organisationsunabhängige Beobachtungsstruktur – wir nennen sie »Leitunterscheidungen« – entwickelt haben, mit deren Hilfe sich Entscheidungsprozesse und -muster in Organisationen benennen, untersuchen und beschreiben lassen. Luhmann (2000a) beschränkt sich in seiner Konzeption von Entscheidungsprämissen auf deren drei – Entscheidungsprogramme, Kommunikationswege und Personal –, ergänzt durch den Begriff Kultur (S. 222 ff.). Wir werden im zweiten Kapitel neun darauf aufbauende, aber weiterführende Leitunterscheidungen der Organisationsdynamik vorstellen, erläutern und mit kleinen Fallbeispielen aus der Beratungspraxis unterlegen. Das dritte Kapitel dient dann der Darstellung der wichtigsten Konsequenzen eines metatheoretischen Ansatzes für Beratung und Management. Welche persönlichen Kompetenzen Beraterinnen und Berater brauchen, die auf der Basis dieser Denkart arbeiten wollen, ist im vierten Kapitel abschließend skizziert.

2 Leitunterscheidungen der Organisationsdynamik

2.1 Organisationen und Entscheidungen

Eine implizite, ungünstige Annahme, die in vielen Organisationstheorien steckt, lautet, dass Entscheiden gleichbedeutend damit sei, ein Ziel zu verfolgen. Das wäre, im Bild gesprochen, in etwa so, als ob man mit dem Fahrrad in einem unbekannten Wald auf einem vorgefertigten Weg entlangfährt – und selbstverständlich permanent steuern muss. Es mag Kurven und Hindernisse geben, vielleicht muss man auch mal ab- und aufsteigen. Aber letztlich muss man nichts entscheiden, nur sein Verhalten am gewählten Weg zum Ziel anpassen. Eine Entscheidungssituation entsteht hier erst, wenn der Weg sich gabelt und man nicht weiß, welcher der fahrbare ist und zu welchem Ziel er führt. Die Lage ist also ungewiss und es gibt Argumente für beide Richtungen. Klar ist – man kann nur einen wählen und wird auf das, was man beim anderen zu sehen bekäme, verzichten müssen. In dieser Situation hilft es nicht, geschickt Rad fahren zu können, sondern man muss entscheiden (und mit den Konsequenzen leben).

Wodurch werden Entscheidungen (in Organisationen) notwendig? Wie in der Einleitung skizziert, ist das immer dann der Fall, wenn zwei als gleich wichtig und möglich angesehene Polaritäten oder Alternativen nicht beide verwirklicht werden können. Jede Entscheidung vernichtet also eine attraktive Alternative zugunsten der Möglichkeit, die realisiert wird. Entscheidungen sind immer auch Entscheidungen gegen etwas und erzeugen daher immer auch Verluste und Nachteile. Sie sind zwangsläufig kritisierbar. Sie können zwar begründet werden, aber in der Wahl selbst sind sie stets »ohne Grund« – daher der Buchtitel. Das bedeutet:

- ▶ Entscheidungen basieren auf Konflikten (zwischen gleichwertigen Alternativen).
- ▶ Entscheidungen bewirken einen Verlust (der abgewählten Alternative).
- ▶ Entscheidungen sind in ihrer Beurteilung von einem Standpunkt abhängig. Unterschiedliche Positionen kommen zu unterschiedlichen Vorlieben und Entscheidungen.
- ▶ Entscheidungen erzeugen somit immer auch Kritikerinnen und Kritiker, die – mit Recht – anders hätten wählen wollen.
- ▶ Entscheidungen hängen von einer unbekannten Zukunft ab, sodass sich die Nützlichkeit der Entscheidung erst in der Zukunft erweisen wird.

Wenn Organisationen als Entscheidungssysteme verstanden werden, braucht es auch eine Theorie ihrer Entscheidungsnotwendigkeiten und -muster. Jede Art von System bearbeitet ihren Selbsterhalt mithilfe einer systemtypischen Logik. Ein paar Beispiele: Ein menschlicher Organismus kann sich der Entscheidung, ob er ein- oder ausatmet, nicht sehr lange verweigern. Wenn er leben will, muss er sich entscheiden, seine Überlebensfähigkeit hängt davon ab, dass er beides kann. Die Psyche kann sich der Entscheidung, ob sie jemandem nahe sein will oder Distanz sucht, nicht entziehen. Man tut immer eins von beiden, wenn man in Beziehung mit anderen Menschen ist. Ein Team kann sich der Entscheidung, ob es ein Verhalten eines Mitglieds toleriert oder missbilligt, nicht entziehen. Es sendet immer – latent oder manifest – ein Signal dazu. Diese Beispiele für Entscheidungszwänge (anderer Systemarten) mögen illustrieren, wie wichtig es ist, auch bei Organisationen ein Verständnis davon zu haben, welchen Entscheidungsnotwendigkeiten sie sich widmen müssen, wenn sie als Organisationen steuerungsfähig sein wollen. Die systemtypische Logik von (Wirtschafts-)Organisationen ist die Relevanz im Hinblick auf ihre Zahlungsfähigkeit. Andernfalls droht der Konkurs! Das ist keine Aussage, die – so wird dies durchaus häufig missverstanden – die blanke »Profitgier« heiligspricht. Es beschreibt erst einmal nur nüchtern die Einsicht, dass der Prozess des Organisierens eine Orientierung hat und braucht, die sein »Überleben« sichert (siehe Simon, 2009, S. 82 ff., insbesondere S. 85). Was dann alles sekundär entschieden werden muss, um mehr Einnahmen als Ausgaben zu generieren, ist hier unser Thema. Und dann kommt sehr viel ins Spiel.

2.2 Neun Leitunterscheidungen als Fokusse von Entscheidungen

Um uns diesem Fokus zu nähern, gehen wir davon aus, dass Organisationen in drei Bereichen Unlösbares lösen müssen (von Foerster, 2008). Wir greifen dabei auf ein Theoriestück von Niklas Luhmann (1987) zurück, der in seiner Systemtheorie den Begriff »Sinndimensionen« ausarbeitet (S. 92 ff.; einführend dazu Simon, 2006, S. 97 ff.). So müssen soziale Systeme in sachlicher, sozialer und zeitlicher Hinsicht ununterbrochen auswählen, womit sie sich beschäftigen wollen und womit nicht. Dieser (Selektions-)Vorgang wird von Luhmann auch als Komplexitätsreduktion bezeichnet. Eine Organisation »weiß«, *was* sie verkaufen möchte, durch *wen* es in welchen Rollen gefertigt wird und *wann* welche Prozesse, Strukturen und Regeln zu beachten sind bzw. auf welche zukünftigen Entwicklungen man sich einstellt und auf welche nicht.

Die Organisation »weiß« das, weil sie Entscheidungen darüber getroffen hat und in der Lage ist, diese stabil zu halten: Sie produziert nicht an einem Tag Gummistiefel und am anderen Tag Chips, sie arbeitet nicht täglich mit völlig neuem Personal und sie erfindet nicht jeden Tag neue Regeln. Organisationen bilden über solche Grundsatzentscheidungen – der systemtheoretische Begriff ist Entscheidungsprämissen – stabile Muster und Erwartungen aus. Will man nun Organisationen theoretisch erfassen und beschreiben, braucht es Begriffe, die für solche Musterbeschreibungen genutzt werden können. Die

Leitunterscheidungen, die wir vorschlagen, sind solche Begriffe, die es erlauben, gezielte Beobachtungen anzustellen. Sie ermöglichen es zudem, Organisationen wertfrei zu beschreiben, und erheben den Anspruch, die Felder, in denen Organisationen entscheiden *müssen*, hinreichend zu beschreiben.

Unsere Metatheorie der Organisationsdynamik kommt nun aufgrund der Analyse vieler Organisationstheorien zu der Setzung, dass sich neun Leitunterscheidungen benennen lassen. Sie decken aus unserer Sicht die Fokusse ab, in denen Organisationen mit unauflöslichen Polaritäten – wie Ein- und Ausatmen – konfrontiert sind und zwischen diesen antagonistischen Polen stabil-flexible Verhältnisse erzeugen müssen. Das Wichtige dabei ist, dass es keine richtige Seite gibt, auf die man sich schlagen könnte. Im Gegenteil – es gilt (Management-)Techniken zu entwickeln, wie man mit diesen neun Möglichkeitsräumen zurechtkommt.

Hier zunächst eine Übersicht:

In der *zeitlichen* Dimension formt die Organisation die Leitunterscheidungen Vergangenheits-, Gegenwarts- und Zukunftsbehandlung in systemspezifischer Weise aus.

1. **Vergangenheitsbehandlung:** Organisationen müssen entscheiden, ob sie etwas verändern oder ob es bleiben soll, wie es ist. Weder kann alles so bleiben, wie es ist, noch kann man jeden Tag alles neu machen. (Pole: Bewahrend – Lernend)

2. **Gegenwartsbehandlung:** Organisationen müssen entscheiden, ob sie eine Regel anwenden oder situativ entscheiden. Dienst nach Vorschrift bringt alles zum Erliegen. Alles nur situativ zu regeln, erzeugt zu wenig Koordination und Verlässlichkeit. (Pole: Regelgerecht – Situationsgerecht)

3. **Zukunftsbehandlung:** Organisationen müssen entscheiden, ob man abwartet, um zu sehen, wie die Zukunft wird, oder die Initiative ergreift, um aktiv die Zukunft zu gestalten. Sich auf alle künftigen Möglichkeiten einzustellen, ergibt keine Richtung, alles auf sich zukommen zu lassen, ist zu riskant. (Pole: Risikonehmend – Gefahrentragend)

In der *sachlichen* Dimension bildet jede Organisation zu den Leitunterscheidungen Vernetzung, Entscheidungsorientierung und Qualitätsfokus spezifische Muster aus.

4. **Vernetzung:** Organisationen müssen entscheiden, welche Entscheidungen sie strukturell miteinander verknüpfen und welche sie voneinander entkoppeln, um ihre Leistungen erbringen zu können. Wer zentralisiert, hat mit anderen Fragen zu kämpfen als die, die sich für Dezentralisierung entscheiden. (Pole: Verknüpfend – Entkoppelnd)

5. **Entscheidungsorientierung:** Organisationen müssen entscheiden, ob und wo sie sich sachlich am Außen (etwa dem Kunden oder der Mitarbeiterin) orientieren oder sich vom Innen (etwa den produktionstechnischen Optimierungen oder den Erfindungen der Entwicklung) leiten lassen. (Pole: Außenorientiert – Innenorientiert)

6. **Qualitätsfokus:** Organisationen müssen entscheiden, ob sie darauf setzen, in ihrer Entscheidungsqualität bei der Leistungserbringung gründlich oder schnell vorzugehen. Wer gründlich vorgeht, kann nicht der oder die Schnellste sein, wer schnell ist, muss mit mehr Fehlern leben. (Pole: Gründlich – Schnell)

In der *sozialen* Dimension bearbeitet die Organisation einzigartig die Leitunterscheidungen Sozialkomplexität, Entscheider und Personal.

7. **Sozialkomplexität:** Organisationen müssen entscheiden, wo sie im Hinblick auf die organisationale Kommunikation und Prozesse mit Kontrolle operieren und wo sie mit Vertrauen arbeiten. Nur Kontrolle würde alle überlasten, nur Vertrauen würde alle enttäuschen. (Pole: Vertrauend – Kontrollierend)

8. **Entscheider:** Organisationen müssen entscheiden, welche ihrer Mitglieder sie an Entscheidungen beteiligen und welche sie davon ausschließen. Zu viele zu beteiligen kostet zu viele Ressourcen, zu wenige zu beteiligen produziert Abstimmungsfehler und Widerstand. (Pole: Beteiligend – Ausschließend)

9. **Personal:** Organisationen müssen entscheiden, ob sie ein Mitglied für eine spezifische Stelle als passend ansehen oder ob jemand un-

passend (geworden) ist. Würden alle an der gleichen Stelle bleiben, dürften sich weder Mitglieder noch Anforderungen ändern, würden alle ständig wechseln, dürften die Anforderungen der Stellen nicht sehr hoch sein. (Pole: Passend – Unpassend)

Diese Pole sind nicht als binäre Gegensätze zu verstehen, sondern als negationsbedürftiger Zusammenhang: »Wenn man das eine will, kann man das andere nicht *nicht* wollen, obwohl eines dem anderen widerspricht« (Baecker, 2020, S. 71). Das heißt, diese Leitunterscheidungen versorgen die Organisation mit einem »Gedächtnis«: Man darf im Verfolgen des einen die Nachteile auf der Seite des anderen nicht vergessen! Grafisch aufbereitet schaut dies dann aus wie folgt:

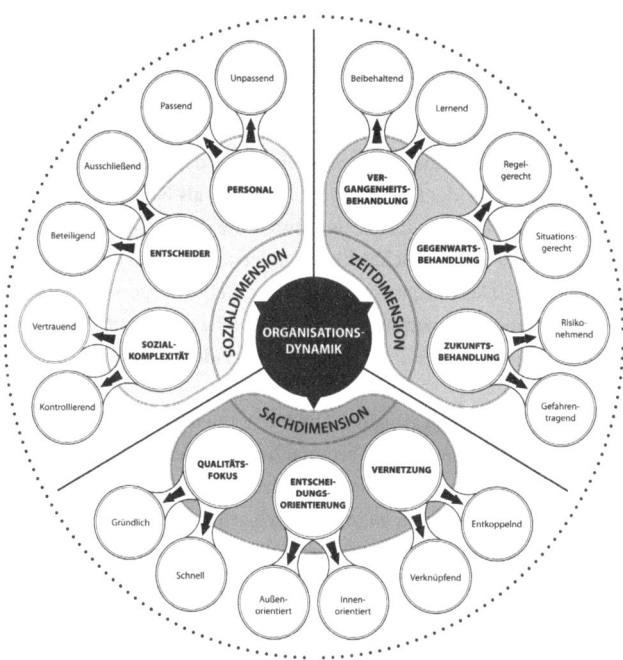

Abbildung 1: Die neun Leitunterscheidungen der Organisationsdynamik

Wozu dienen nun diese neun organisationalen Leitunterscheidungen? Wir sehen darin folgende wichtige Vorteile.

▶ Erstens bieten sie eine ausgesprochen differenzierte und bewertungsfreie Möglichkeit, Organisationen zu beschreiben: präzise, individuell, die Vergangenheit würdigend, die Gegenwart verstehend und die Zukunft mit ihrem Optionenreichtum im Blick. Das macht es unwahrscheinlicher, zu schnellen, aber eben unpassenden Beratungslösungen zu kommen. Zugleich »fühlen« sich Organisationen »verstanden«.

▶ Zweitens lassen sich damit auch die Unterschiedlichkeiten einzelner Bereiche und Funktionen erfassen. Das hilft, um Konflikte als Strukturthemen zu begreifen und zu bearbeiten, weil die Wertschätzung für notwendige Andersartigkeit von Subkulturen der Organisation zunimmt.

▶ Drittens lassen sich vorhandene Beratungsansätze mit diesem Modell rekonstruieren und so als Beraterin oder Berater gezielter und bewusster nutzen. Das hilft, um ideologiefrei zu intervenieren und sich nicht einem Ansatz zu verschreiben, der dann zum berüchtigten Hammer wird, der alles, was ihm begegnet, als Nagel wahrnimmt.

▶ Viertens lenken sie durch und durch die Aufmerksamkeit nicht nur auf das Gute im Schlechten, sondern ebenso auf das Schlechte im Guten. Das hilft, um nicht selbstverliebt »Verbesserungen« in Organisationen anzuzetteln, deren Nachteile man nicht wahrhaben will, weil man mit seinen Lösungen überidentifiziert ist.

Gleichzeitig ist uns wichtig, dass auch diese neun Leitunterscheidungen Simplifikationen sind. Vereinfachungen dienen dazu, in einer Welt voller offener Möglichkeiten zurechtzukommen. Welche Vereinfachungen man nutzt, ist immer auch selbst eine Wahl. Die Wahl von neun organisationsdynamischen Leitunterscheidungen ist unsere Wahl. Sie beinhaltet nicht die Behauptung, man könne nur so wählen oder sie hätte eine Entsprechung im Wesen der Welt. Sie kommt also nicht durch Beobachtung der Welt, sondern durch Beobachtung von Theorien zustande. Es ist ein (!) Versuch, dem schon Gedachten und Erforschten eine neue Form, ein neues Schema zu geben und zu sehen, wohin man damit kommt.

Der eigentliche Reiz dieser Schematisierung liegt darin, zu erforschen, wie diese neun entscheidungsleitenden Dualismen – innerhalb ihrer selbst wie mit den Dynamiken von Team und Psyche – »spielen«. Luhmann (1987) spricht von einem »Kombinationszwang« (S. 127) der Sozial-, Sach- und Zeitdimension, die auch unsere Leitprozesse untergliedern. Man kann also annehmen, dass sie stets gleichzeitig Bedeutung haben, sich wechselseitig befördern, begrenzen, irritieren und zu stabilen »Gesamtmustern« verdichten – je nach Kontext mal deutlicher, mal latent. Man kann ebenso vermuten, dass sich Wahrscheinlichkeiten identifizieren lassen, die mit einer Wenn-dann-Logik beschrieben werden können. Der Text hier beschränkt sich auf die Darstellung der neun Leitprozesse und ausgewählter, besonders beratungsrelevanter Beobachtungsfokusse. Die Wechselwirkungen und Abhängigkeiten der Leitprozesse untereinander können an dieser Stelle nur sehr beispielhaft gestreift werden.

Wir kommen nun zu den Details dieser Leitprozesse. Dabei starten wir jeweils mit einer Situationsbeschreibung unserer Kundinnen und Kunden, die für die anschließenden theoretischen Überlegungen ein anschaulicher Hintergrund sein soll. Zugleich sollen diese Beschreibungen den Lesern und Leserinnen die Einordnung eigener praktischer Erfahrungen zu den Leitunterscheidungen erleichtern und so auch die Übersetzung in den eigenen professionellen Alltag mit Organisationen.

2.3 Leitprozess Vergangenheitsbehandlung – beibehalten oder verändern?

Praxisfall Leitprozess Vergangenheitsbehandlung

Ein Großunternehmen aus der mit heftigen Umbrüchen konfrontierten Finanzdienstleistungsbranche kommt in der Strategieevaluation zu dem Schluss, dass das aktuelle Geschäftsmodell keine Zukunftsperspektive mehr hat. Der Organisation wird vom Vorstand ein Strategiewechsel (Desinvestition/Verlernen von Altgeschäft, Investition/Lernen in neuen Geschäftsfeldern) mitsamt substanzieller Reorganisation und Verjüngungs- bzw. Freiwilligenprogramm verschrieben – massive Musterbrüche zur sonst konservativen und gefahrenaversen Unternehmens- und langsamen Anpassungskultur. Diese Musterbrüche führen zu spürbaren Veränderungen, gleichwohl führt der überraschend massive Personal-»Aderlass« zu einer Schwächung der zwei stärksten kulturellen Kompensations- und Stabilisierungsfaktoren: der Loyalität und der bilateralen Informalität der Mitarbeitenden.

Nichts kann nur agil sein!

Denkt man Organisationen konsequent als »Prozess des Organisierens«, ergibt sich eine erste Entscheidungsnotwendigkeit wie von selbst. Prozesse »bestehen« aus ständig zerfallenden Ereignissen. Um Stabilität zu erzielen, braucht es demnach eine Wiederholung dessen, was gerade eben passiert ist. Ich mache einen Schritt und noch einen und noch einen und so entsteht: das Gehen! Wenn kein Schritt mehr folgt, entsteht das Stehen, das Gehen zerfällt. Aus diesem eigentlich einfachen Gedanken ergibt sich die Notwendigkeit, dass jede Organisation ständig entscheidet, wo sie Bestehendes wiederholt und wo sie etwas anderes macht. Die organisationsdynamische Frage lautet: Soll eine in der Vergangenheit getroffene Entscheidung beibehalten oder soll sie verändert werden, weil es Anlass zu lernen gibt?

Jedes System hat eine Geschichte und setzt sich – gezielt oder implizit – mit dieser Geschichte auseinander. Alltagssprachlich nennt man dies *lernen*. Lernen überprüft vorhandene Strukturen, Muster, Gewohnheiten, Regeln, Routinen, Vorgaben, Pfade – systemtheoretisch: Entscheidungsprämissen. Jede Organisation entscheidet an jedem Tag, ob Bestehendes verworfen oder Neues ignoriert wird. Sie legt damit gleichzeitig fest, ob das Alte oder das Neue als fortan gültig definiert wird. Lernen ist, so verstanden, nicht etwas Zusätzliches –

dann wäre es »nur« eine Erweiterung von Kompetenzen oder eine Neuentwicklung. Zum Lernen gehört in unserem Sinne also immer auch das Ver-Lernen von Altem. Lernen ist also hier keine »bessere« Anpassung an die Umwelt, sondern eine bessere Anpassung an sich selbst, im Sinne davon, wie man im Innen die Umwelt »versteht« (Luhmann, 2000a, S. 74 f., S. 409 f.).

Das ist einer der Gründe, warum Lernen so schwer ist. Kein System wirft vergangenen Erfolg leichtfertig über Bord. In der oft einseitigen Fokussierung auf das Lernen von Neuem bei Veränderungsabsichten versteckt sich häufig ein Keim des Scheiterns. Die Notwendigkeit, etwas beizubehalten, und der Aufwand des Verlernens werden unterbelichtet und unterschätzt. Lernen gilt üblicherweise als gut und Nichtlernen (= beibehalten) als eher problematisch. Das ist zunächst einmal naheliegend und dennoch eher differenziert zu sehen. Würde eine Organisation nur auf Lernen setzen, dann würde sich alles auf einmal ändern. Das führt zu Chaos und Auflösung. Kein System darf alles ändern (= lernen), da es sonst nicht an seine eigene Vergangenheit anschließen und seinen Umwelten Orientierung bieten könnte. Will sich eine Organisation also selbst wiedererkennen und funktionsfähig bleiben, muss sie sich primär für Nichtlernen entscheiden! Nicht-lernen-Wollen ist also eine unerlässliche Entscheidungsvariante von Organisationen, wenn sie ihren Bestand sichern wollen.

Die Logik von Verkrustungen

Wir schildern nun ein paar wesentliche Beobachtungsfokusse, die besonders relevant für die praktische Arbeit mit diesem Leitprozess sind. Organisationen lassen – wie alle Systeme – in der Regel das meiste so, wie es ist. Dies wird auch gar nicht explizit entschieden: Siemens entscheidet nicht täglich, dass man weiter Industriegüter herstellt. Sehr wohl aber wird turnusmäßig oder aus einem Anlass heraus (etwa Unprofitabilität eines Bereichs) entschieden, ob ein bestimmtes Produkt oder eine bestimmte Geschäftssparte weiter gepflegt werden soll. Je spezifischer der Entscheidungsfokus ist (»Welchen Preis verlangen wir in diesem Monat für unser Produkt?«), desto expliziter und häufiger kommt die Leitunterscheidung »beibehalten oder lernen (= ändern)« auf die Tagesordnung.

Da sich bestehende Muster an einer Stelle der Organisation irgendwann mal bewährt haben – sonst gäbe es sie nicht! – und mit anderen Mustern abgestimmt und eingeschwungen sind, überwiegen meistens die Argumente gegen Lernen und Veränderung (»Wenn wir die neue Software einführen, passt die IT-Hardware nicht mehr und die Mitarbeitenden müssen geschult werden!«). Da Entscheidungen grundsätzlich in Organisationen aufeinander bezogen sind und einander wechselseitig stabilisieren, ist das Beibehalten leichter als das Verändern. Diese Asymmetrie gilt es, im Blick zu behalten. Sie ist auch der Grund, warum Organisationen eine Tendenz haben, zu »verkrusten«. Je härter die Kruste, desto mächtiger muss auch die Beratungsintervention sein.

Organisationen können und müssen sich immer dann radikaler und expliziter mit diesem Leitprozess beschäftigen, wenn ihre grundsätzlichen Muster auf ihre Veränderungsnotwendigkeit hin untersucht werden (Culture-Change-Projekte, Restrukturierungen, Strategiewechsel, Produkteinstellung, Massenentlassungen, technologische Entwicklungen etc.). Die Notwendigkeit dafür liegt zumeist in massiven Veränderungen im Außen, sodass die Passung zwischen der Organisation und ihrer Umwelt nicht mehr stimmt.

Lernen und Identität

In dynamischen Umwelten – in denen ständiges Lernen überlebensnotwendig ist – braucht es besondere organisationale, gruppendynamische und psychische Fähigkeiten, um in diesem Leitprozess mit der Dauerirritation, dass sich Bestehendes permanent überlebt hat, gut fertig werden zu können: Auf der organisationalen Ebene sind dazu erhebliche Kommunikations- und Abstimmungsprozesse erforderlich, auf der gruppendynamischen Ebene die Fähigkeit, unterschiedliche Meinungen aufkommen zu lassen und nutzen zu können, und auf der psychischen Ebene der Verzicht, sich mit vergangener Kompetenz und veralteten Meinungen zu identifizieren (vgl. Luhmann, 2005a, S. 433). Zudem müssen sich die Mitglieder der Organisation mit den entstehenden Ängsten beschäftigen wollen. Weil nichts davon selbstverständlich ist, ist ein lernender Umgang mit der Vergangenheit für Organisationen nie leicht. Wenn diese sich verändern müssen, entsteht nicht nur Druck, Neues zu lernen. Es entsteht immer auch – mehr oder weniger – die Frage, ob »man selbst« noch richtig ist, wenn man falsches Wissen hatte (»Wie konnten wir uns nur so irren?«). Lernen hat also auch einen Bezug zur Identität des Systems. Dies ist ein weiterer Grund, warum Lernen nicht unbedingt beliebt ist, wenn es auf vorhandene Kompetenzen stößt.

Personen, Teams und Organisationen, die in sich schon labil sind (oder durch massive Veränderungsinitiativen labil werden), zeichnen sich oft dadurch aus, dass sie auf Meinungen beharren, Bestehendes aufs Letzte verteidigen, unflexibel sind und Sturheit kultivieren. Das liegt dann nicht daran, dass die Argumente für das Neue zu schwach wären, sondern daran, dass die betroffenen Systeme auf der Identitätsebene zu schwach sind, um lernen zu können. Es ist zu bestands-, ruf-, marken-, stellen-, strukturgefährdend oder anderes mehr. Aus diesem Grund ist es in Dialogen, die sich um die Frage drehen: »Machen wir weiter wie bisher oder machen wir Neues?«, oft so sinnlos, immer und immer wieder Argumente für das Neue ins Spiel zu bringen, wenn man ahnen kann, dass der andere nicht gegen das Neue ist, sondern dass er nicht weiß, wer er ist, sobald das Alte nicht mehr gilt – ein häufig zu beobachtendes Phänomen in Organisationen im agilen Wandel. Hier braucht es einen Ebenenwechsel, der es ermöglicht, das Identitätsthema zu adressieren. Sonst wird das Alte zur »Vergeblichkeitsfront«!

Der Leitprozess Vergangenheitsbehandlung hat vor allem dort Praxis-relevanz, wo die Organisation ihre notwendige Irritationskompe-tenz eingebüßt hat. Irritiert werden kann eine Organisation – wie jedes System – dann, wenn sie resonanzfähig auf einen Umweltreiz ist. Damit »Weiter so oder anders?« als Frage überhaupt auftaucht, braucht es somit die Fähigkeit, sich irritieren zu lassen. Eine solche Irritationskompetenz der Organisation kann man gut daran beobach-ten, wie viele Möglichkeiten diese hat und gezielt nutzt (oder auch nicht), um mit unterschiedlichen Umwelten gekoppelt zu bleiben und sich mit geschäftsrelevanten Irritationen zu versehen bzw. Rou-tinen zu entwickeln, wie sie schwache Signale von Veränderungen ernst nimmt, statt zu erstarren oder in Hektik und Chaos zu landen.

Umgekehrt wird die Irritationskompetenz umso geringer sein,

▸ je bestimmender sich die Organisation oder Teilbereiche gegen-über den eigenen Umwelten fühlen (»Was verstehen die denn schon von der Sache?!«) und je kontaktärmer die Austausch-beziehungen nach außen gestaltet werden können (»Da brauchen wir uns doch – jetzt – nicht drum zu kümmern!«),

▸ je riskanter es ist, das bestehende Wissen zu überprüfen (»Darf ich das infrage stellen?«) und

▸ je weniger die Wahrnehmungen der Mitarbeitenden in den rele-vanten Prozessen eine Rolle spielen (etwa Meetings, in denen die Teilnehmenden nichts gefragt werden, sondern sie nur informiert und angewiesen werden).

Alle drei Punkte sind wesentliche Handlungsfelder für Beratung.

Wer weiß, lernt nicht

Organisationen, die wissen, lernen nicht! Wissen reduziert also (un-günstig) Irritationskompetenz, weil man Antworten hat und glaubt, sich Fragen (»Könnte es auch anders sein?«) sparen zu können. Der Anlass für Lernen ist Unsicherheit! Darum sind in dynamischen Umwelten Unsicherheitsbereitschaft und -toleranz die wichtigsten Fähigkeiten – und nicht Wissen (so auch Simon, 2007, S. 64 f.). In den meisten Organisationen lässt man sich (bislang) als Mitarbeiterin oder Mitarbeiter aber nicht so gern nachsagen, man würde durch Nichtwissen glänzen. Genau das stellt jedoch im Hinblick auf Lernen ein Problem dar, weil durch ein Weniger an Offenheit, Neugier und »Dummheit« auch unvoreingenommener Meinungsaustausch, Co-Kreation und disruptive Innovation schwieriger werden.

Beratung und Management, die Veränderung wollen, müssen also u. a. immer einen Weg finden, dass die Organisation, das Team oder das Organisationsmitglied dort wieder Unsicherheit zulassen, wo bislang mit Wissen operiert wurde. Es braucht in irgendeiner Form eine Erschütterung von Selbstverständlichkeiten und Selbstgewissheiten. Das geht entweder durch Krisen, sprich der Erfolg bleibt aus oder ist gefährdet, oder durch Konfrontation durch einen Kommunikationspartner, der nicht leicht zu ignorieren ist (Chefin, Autorität, Freunde, Ratgeberbuch, Coach, Beraterin etc.). Personen, Teams und Organisationseinheiten, die nicht irritationsfähig sind, stellen grundsätzlich eine enorme Gefahr dar, die immer dann sichtbar und wirksam zu werden droht, wenn das Vergangenheitswissen für die gegenwärtige und zukünftige Gegenwart nicht mehr passend ist.

2.4 Leitprozess Gegenwartsbehandlung – regel- oder situationsgerecht?

Praxisfall Leitprozess Gegenwartsbehandlung

Ein multinationales Telekommunikationsunternehmen führt weltweit eine CRM-Software zur Optimierung der Marketing- und Vertriebsprozesse ein. Um den langfristigen Business Case zu untermauern, wird nahe am »Standard«

der Software gearbeitet, d. h., die vorhandenen Prozesse werden weitestge-
hend an die Best-Practice- und branchenspezifischen Vorgaben der Software
angepasst. Diese globalen Prozessstandards produzieren vor allem in den aus-
differenzierten Kernmärkten Akzeptanzprobleme und werden durch Work-
arounds (Excel) und ausufernde Reportinganforderungen kompensiert. Beim
Sichtbarkeits- und Berechtigungskonzept werden im Vertrieb letztlich massive
Widerstände spürbar, die nur par ordre du mufti durch den Vertriebsvorstand
vorübergehend beruhigt werden können. Nutzung und Vertriebspotenziale
bleiben trotz intensiver Change-Maßnahmen hinter den Erwartungen zurück.

Lob der Routine oder Lob des Einzelfalls?

Für den Alltagsblick stellt dieser Leitprozess ein besonders eindrück-
liches Unterscheidungsmerkmal von Organisationen dar: Was ist
alles geregelt und wer darf an welcher Stelle sich oder andere von
der Regel ausnehmen? Was in der einen Organisation mit starken
Sanktionen bewehrt ist, wird anderswo ganz lax gehandhabt oder ist
überhaupt nicht geregelt und wird situativ gelöst. Jeder kennt solche
Unterschiede. Den organisationsdynamischen Leitprozess, der diese
Phänomene in den Blick nimmt, nennen wir Gegenwartsbehandlung. Die Bezeichnung nimmt auf, dass Regeln dazu da sind, dass in
jeder gegenwärtigen Situation gleich gehandelt wird und werden soll.
Gleichzeitig lassen sich aber einzelne Situationen nie durch Regeln ab-
decken bzw. eine allgemeine Regel kann für eine spezifische Situation
unangebracht sein. Damit sind wir bei der Polarität, die diese Leitunterscheidung ausmacht, angekommen: Die Organisation gibt sich
Stabilität, indem sie einerseits klare, verbindliche und allgemeine Regeln setzt: »Organisation ist die Organisation von Wiederholungen«
(Ortmann, 2003, S. 118). Ebenso muss situativ und spezifisch den
jeweils gegenwärtigen Umständen gerecht entschieden werden. Die
Leitunterscheidung Gegenwartsbehandlung lässt sich demnach in folgende Frage fassen: Wird eine allgemeine Regel angewandt oder wird
eine Ausnahme gemacht, die besser zur gegenwärtigen Situation passt?

Wie wird diese Entscheidung getroffen? Wer darf sie treffen? Wo ist das Brechen einer Regel notwendig, damit sie hilfreich sein kann? Gleichzeitig muss es Regeln geben, die Ausnahmen begrenzen. Man sieht: Die Verhältnisse sind verschränkt und verworren (vgl. ausführlich Ortmann, 2003).

Formale und informelle Organisationsprozesse

Aus eben diesem Grund entwickelt sich in Organisationen ein Neben- und Ineinander von formaler (= u. a. durch Regeln beschriebener) Organisation und informeller (= vor Ort gelebter) Organisation. Letztere zeichnet sich nachgerade dadurch aus, dass Regelverletzungen, Bypass-Routinen, Beziehungen, die Verbotenes möglich machen, »intelligente« Auslegung von Vorschriften, U-Boot-Projekte, indirekte Macht etc. einen flexiblen Umgang mit der Gegenwart ermöglichen. Luhmann (1964) nannte dies »brauchbare Illegalität« (S. 304 ff.).

Eine formale Regel ist in einer Organisation das, was aufgeschrieben und definiert ist (beim Sport etwa die Regeln des Spiels). Informelle Regeln sind all das, was darüber hinaus dauerhaft Relevanz, Einfluss und Wirksamkeit im kommunikativen Alltagsgeschehen hat und dessen Beachtung kontinuierlich erwartet wird – beim Tennis etwa, dass man sich für Netzroller beim Gegner entschuldigt (Ortmann, 2003, S. 104 f.; Kühl, 2011).

Jeder weiß, dass formale Regeln bisweilen im Widerspruch zueinander stehen. Das ist nicht zwangsläufig ein Nachteil, ermöglicht es Mitarbeitenden doch eine Wahl zu treffen, welche Regel sie gerade beachten wollen. Genauso kennt jedes Organisationsmitglied das Phänomen, dass sich formale Regel und informelle Praxis widersprechen: »Teamleiter dürfen Anschaffungen bis 1.000 € genehmigen!« und »Wenn man dagegen verstößt, interessiert das – außer, wenn man den Mitarbeiter loswerden möchte – keinen!«. Ortmann nennt dies »Zonen des Schweigens« (2003, S. 87).

Die Aufteilung in formale und informelle Strukturen ermöglicht es Organisationen, die Gegenwart ausreichend sicher mit klaren Erwartungen zu versehen und gleichzeitig die situationsspezifische Flexibilität sicherzustellen. Die Paradoxie der Leitunterscheidung regelgerecht/situationsgerecht wird so alltagstauglich bearbeitet. Für Beratung und Führung ist es immens wichtig, beide sich ergänzende Seiten als für die Anpassungsfähigkeit der Organisation bedeutsam im Blick zu behalten.

Regeln können sich selbst nicht regeln

Einer Regel zu folgen, bedeutet, eine allgemeine Anweisung auf eine Situation anzuwenden. Ohne derartige Anweisungen würden Organisationen keinen Bestand haben, besser: sie würden sich gar nicht erst bilden – Regeln schaffen Erwartungssicherheiten und damit erst die Möglichkeit, Handlungen und Kommunikation zu koordinieren. Der Zusammenhalt von Organisationen beruht zu einem wesentlichen Teil auf einem Regelwerk, das Gültigkeit beansprucht. Dabei ist hier erst einmal unerheblich, ob eine solche Regel aufgeschrieben und damit explizit (formal) ist oder ob alle sie kennen und sie implizit (informell) wirksam ist.

Das Problem mit Regeln ist, dass sie nicht regeln können, wann sie angewendet werden müssen. Ob die gegenwärtige Situation eine ist, die durch die Regel erfasst ist, und sie gemäß der Regel zu bearbeiten ist, bleibt eine Entscheidung – nämlich die Entscheidung, ob die Regel benutzt werden muss oder nicht! Organisationen können es sich also nicht ersparen, eine »Regelbeachtungskompetenz« auszubilden, wenn sie handlungs- und anpassungsfähig bleiben wollen.

Es kann letztlich keine Regeln (!) für die Missachtung von eben diesen oder die Notwendigkeit von Ausnahmen geben. Situationsorientiertes Handeln bedingt, dass von allgemeinen Regeln abgewichen werden kann. Organisationen brauchen die Möglichkeit zu tolerierten Regelverletzungen. Jeder Fall ist anders, sonst könnte man gewissermaßen ausrechnen, was zu tun ist. Organisationen nutzen die Möglichkeit zu akzeptierten Ausnahmen ständig. Hierbei ist auffällig, dass diese Akzeptanz explizit sein kann (»Dann machen wir für diesen Kunden mal eine Ausnahme«). Oft werden hier die »wahren« Einfluss- und Entscheidungsstrukturen deutlich (hierzu später beim Leitprozess Entscheider mehr). Genauso gut und genauso oft werden diese Ausnahmen jedoch einfach gemacht, ohne dass darüber Kommunikation stattfindet. Stillschweigend wird passend gehandelt und genau dadurch die Gültigkeit der formalen Regel ebenso stillschweigend anerkannt. In der Notwendigkeit des »intelligenten« Regelgebrauchs liegt demnach auch ein theoretischer Grund für Heimlichkeiten in Organisationen. Ebenso wichtig ist es, dass organisationale Regeln oder Anweisungen der Hierarchie einen hinreichenden Interpretationsspielraum haben, da sonst Regelmissachtung sofort als Missachtung der Hierarchie interpretiert werden muss. Kluge Managerinnen und Manager wissen das (siehe ausführlich Kühl, 2020).

Regel oder spezifische Situation – wie entscheiden?

Eine der wichtigsten Leistungen, die hierarchische Funktionen in Organisationen erbringen (können), ist es, Ausnahmen zu genehmigen. Wenn die jeweilige Hierarchie eine Regel situativ außer Kraft setzt, beeinträchtigt das (meistens) die Regel nicht – die grundsätzliche Stabilität bleibt gewahrt. Gleichzeitig besteht (meistens) ausreichend Einfluss, um den Verzicht auf das regelgerechte Verhalten zu bewirken. In Organisationen ohne oder mit wenig Hierarchie führt das entweder zur Überlastung der existierenden hierarchischen Stellen (alle rennen zum Inhaber) oder es braucht Ersatzformen (informelle Führerinnen, Ratsversammlungen, Krisengremien, Sondervollmachten etc.), um ein Entscheidungspatt zu verhindern.

Egal wie – eine Organisation braucht eine Funktion, die es ermöglicht, über Ausnahmen zu entscheiden, sodass nur die Situation betroffen ist und nicht vorschnell Präzedenzfälle (= neue Regel) geschaffen werden, die zu Dauerstreitigkeiten über die Gültigkeit der (neuen) Regelung führen. Aber – kann man Ausnahmen regeln? Wie werden dann Ausnahmen von der Ausnahmeregelung geregelt – durch Ausnahmeausnahmeregelungen? Es droht ein unendlicher Regress. Und wie geht man damit um, dass mit der »Ausnahmeregelung« die Ausnahme nun zum Regelfall zu werden droht? Man sieht, dass Ausnahmen und der Umgang mit ihnen als Herausforderungen und Leistungen des Managements in Organisationen angesehen werden können. So einfach ist das mit Regelungen und ihrer Anwendung in nichttrivialen Kontexten eben nicht. Die funktionale, geordnete Organisation ist durchsetzt mit Anarchie, weil sie beides braucht – ob sie will oder nicht.

Das Instrument, das am besten klären kann, ob eine Regel Anwendung finden soll oder die spezifischen Erfordernisse der Situation die jeweilige Entscheidung prägen sollen, ist der Mensch. Doch dessen Regelanwendungs- oder -nichtanwendungskompetenz fällt nicht vom Himmel. Es gibt Bezeichnungen für die Fähigkeiten von Menschen, die das können: Weisheit, Urteilskraft, Augenmaß, Besonnenheit, Entscheidungsfreude. Eigenschaften, die in früheren Kulturen vornehmlich Stammesälteste oder Richter auszeichneten (und die nicht allzu häufig vorkamen), sind im Umgang mit der Komplexität der jeweiligen Gegenwart in modernen Organisationen von vielen Entscheidungsträgerinnen und -trägern zu erwarten. Manager und Weisheit? Teams und Weisheit?

Folgt man Erkenntnissen über ungünstigen Umgang mit Regeln in akuten Situationen – siehe etwa Dietrich Dörner (2001) in seinem Buch »Logik des Misslingens« oder Günther Ortmann (2003) in »Regel und Ausnahme« –, dann kommt man nicht umhin, diese Anforderung zu stellen. Je regelkonformer oder je hektischer und aktionistischer bzw. laxer der Umgang mit etablierten Regeln ist, desto wahrscheinlicher wird das Misslingen. Weisheit und Urteilskraft können hier insbesondere verstanden werden als Unabhängigkeit vom Urteil anderer und Freiheit vom Zwang zum Erfolg, als Erfahrungswissen und Intuition, Stresstoleranz und Robustheit.

Der Verstoß gegen eine Regel wird unserer Beobachtung nach in Organisationen häufig als Fehler interpretiert. Genauso ist es sinnvoll, es als ein Zeichen von Fehlerfreiheit zu interpretieren, wenn man sich an eine anerkannte Regel hält. Denn wenn keine Regel je ganz zur Situation passt, dann ist es auch immer ein wenig falsch, regelgerecht zu handeln! Genauso laufen die jeweiligen Umkehrschlüsse ins Leere: Es ist weder richtig, immer nur einzelfallbezogen zu entscheiden (= Erzeugung unbeherrschbarer Komplexität), noch ist es richtig, in Regelbefolgung etwas Falsches zu sehen, nur weil sie immer auch etwas Unangemessenes für diesen einen Moment beinhaltet. Hier wird die eingangs erwähnte Paradoxie der Entscheidung alltäglich spürbar – für Regeleinhaltung und -bruch zahle ich jeweils einen Preis. Erst recht unübersichtlich wird es, wenn man – im organisationalen Alltag häufig! – davon ausgehen kann, dass es Situationen gibt, in der konkurrierende und sich ausschließende Anweisungen auf die gleiche Situation anzuwenden sind (»Mache jede Woche deinen vertrieblichen Forecast« und »Reagiere sofort auf Kundenanforderungen«).

Also – was ist dann ein Fehler? Unsere Auffassung ist: Ein Fehler ist ein Mangel an Urteilskraft, ob und wie deutlich in diesem speziellen Moment von einer anerkannten Regel abgewichen werden soll. Damit kommt der Ausbildung, Überprüfung und Verinnerlichung dieser Urteilskraft bei Führungskräften und Mitarbeitenden hohe Bedeutung für effektive Organisationen zu.

2.5 Leitprozess Zukunftsbehandlung – gefahrentragend oder risikonehmend?

Praxisbeispiel Leitprozess Zukunftsbehandlung

Ein globales Unternehmen der Medizintechnik entscheidet im Rahmen der Strategieentwicklung einstimmig die Desinvestition in einem unterprofitablen

Geschäftsfeld mit eingeschränkter Zukunftsperspektive. Die Entscheidung wird in die Organisation kommuniziert und stößt dort vor allem in den betroffenen (gefahrentragenden) Bereichen auf Unverständnis. Als die Entscheidung auch über die Unternehmensgrenzen hinweg an Markt und Kunden kommuniziert wird, entsteht eine Welle der Entrüstung, die insbesondere über die vertrieblichen Multiplikatorinnen und Multiplikatoren (Ärzte und Professorinnen) zur Organisation zurückschwappt. Aufsichtsrat und CEO drehen die Entscheidung letztlich aus Sorge um Portfolio-Ansteckungseffekte nach wenigen Wochen zurück. Das Maß an Frustration im Führungskreis ist hoch, das Portfolio entwickelt sich mit schrumpfender Gesamtprofitabilität weiter.

Handeln oder abwarten?

Die Zukunft ist unbekannt. Es kommt immer anders, als man denkt. Daher ist die Zukunft für alle Systeme, Organisationen inbegriffen, immer auch gefährlich. Keine Organisation kann wissen, ob das, was sie in der Vergangenheit erfolgreich gemacht hat, in der Zukunft ihr Überleben gewährleistet. Organisationen beschäftigen sich aus diesem Grund mit der Zukunft und müssen das auch. Dieser Prozess entfaltet eine bedeutsame Polarität, die jedoch im Kontext der meisten Organisationstheorien wenig bedacht wird (siehe ausführlich Luhmann, 2005b, S. 126 ff.).

Es gibt zwei konträre Möglichkeiten, sich auf die Zukunft zu beziehen: Entweder man lässt sie auf sich zukommen oder man versucht, sie im erwünschten Sinn zu beeinflussen. »Im Falle von Selbstzurechnung handelt es sich um Risiken, im Falle der Fremdzurechnung um Gefahren« (Luhmann, 2005b, S. 140).

1. Im Fall von »Gefahren« geht die Organisation davon aus, dass man mit den Herausforderungen der Zukunft zurechtkommt, wenn sie eingetreten sind. Sie fährt eine Gefahrenstrategie: Sie kümmert sich um das Problem, wenn es auftaucht, und verlässt sich darauf, dass die existierenden Ressourcen und Fähigkeiten ausreichen, um kompetente Antworten zu finden. Damit entlastet sie

sich in der Gegenwart und setzt auf die vorhandene Kompetenz: »Wenn es so kommen sollte, kümmern wir uns darum!« Kompetenz mit dieser Strategie ist unausweichlich: Mit der Mehrzahl der möglichen Zukünfte muss jede Organisation so verfahren, weil es sämtliche Ressourcen überlasten würde, alle denkbaren Szenarien handelnd vorzubereiten, indem man etwa alle denkbaren Wünsche von Kundinnen und Kunden in die Produktvarianten einfließen ließe, alle möglichen gesetzlichen Rahmenbedingungen abdeckte etc. Die Organisation ist damit gefahrentragend, sie ist von künftigen Entwicklungen »betroffen«. Um dafür gut aufgestellt zu sein, ist im Wesentlichen Robustheit gefragt (siehe ausführlich Weick u. Sutcliffe, 2003). Das bedeutet:

- ein Reservoir an Ressourcen, um reaktionsschnell handeln zu können,
- frei verfügbare Ressourcen für Unvorhergesehenes,
- die Bereitschaft, vorübergehend Höchstleistungen zu erbringen,
- die Fähigkeit, sich Hilfe zu holen, und zu wissen, wo diese zu finden ist.

2. Im Fall von »Risiken« entscheidet sich die Organisation, die Zukunft zu gestalten. Sie wird aktiv, plant, investiert, gestaltet den Markt, fokussiert sich, entwirft eine Strategie, berücksichtigt Entscheidungen des Wettbewerbs – kurzum: Die Organisation trifft die Entscheidung, risikonehmend zu werden. Mit dieser Entscheidung werden gänzlich andere Kompetenznotwendigkeiten aufgerufen:

- die Wahl der passenden Mittel und der Einfluss- und Gestaltungsräume,
- die richtige Annahme über die künftigen Entwicklungen,
- die Wahl realistischer Zwecke und Ziele,
- die Achtsamkeit im Erkennen schwacher Signale und Trends für Anpassungsnotwendigkeiten.

Risikonehmende können sich in ihren Annahmen über die Zukunft irren, nehmen Fehlinvestitionen vor, müssen mit Vorsorgeschäden zurechtkommen, müssen sich für ihre Strategie rechtfertigen u. a. m. – eine Strategie, die bei beschränkten Ressourcen zwangsläufig limitiert ist und Loslass- bzw. Priorisierungskompetenz erfordert.

Entscheiden oder entschieden werden

Risikonehmend ist die Bezeichnung für den Umgang mit der (gefährlichen) Zukunft, wenn man selbst Entscheidungen trifft. Gefahrentragend ist die Bezeichnung für den Umgang mit der (gefährlichen) Zukunft, wenn andere Entscheidungen treffen, von denen man betroffen ist. Organisationen müssen mit beiden Polen zurechtkommen (siehe ausführlich Luhmann, 2005b, S. 126 ff.).

Diese Polarität ist jedoch nicht nur relevant im Umgang der Organisation mit der äußeren Umwelt, sondern in noch höherem Ausmaß prägend für die Dynamik der Subsysteme der Organisation im Innen. Denn jedes Subsystem der Organisation (beispielsweise der Vertrieb oder die Produktion) wird mit jeder zukunftsgestaltenden Entscheidung zum Risikonehmer, der alle anderen Subsysteme der selben Organisation zu Gefahrenträgern dieser Entscheidungen macht. Es entscheidet für sich und mutet gleichzeitig anderen die Folgen dieser Entscheidung zu, macht andere Subsysteme zu Betroffenen. Jede Entscheidung an einer Stelle der Organisation wird somit immer zur (ungewollten) Gefahr an anderer Stelle. Das erklärt einen großen Teil der strukturellen Konflikte in Organisationen, aber auch den Bedarf an Vertrauen aufgrund entkoppelter Prozesse (siehe Kapitel 2.9). Jeder Bereich, jede Abteilung, jedes Team ist immer auch damit beschäftigt, sich mit riskanten Entscheidungen anderswo in der Organisation auseinanderzusetzen:

▶ Man tastet die innere Umwelt der Organisation nach Entwicklungen ab, die auf die eigenen Aufgaben, Ziele und Zwecke (un-)günstig einwirken.

▶ Man schmiedet Allianzen, um für den eigenen Beritt ungünstige Auswirkungen möglicher Entscheidungen zu unterbinden. Dafür braucht es »Spioninnen und Spione«, Flurfunk und ein Netzwerk von Loyalitäten, das sich über die Gesamtorganisation erstreckt.

▶ Man eskaliert unliebsame Entscheidungen anderer Abteilungen oder Bereiche dauerhaft innerhalb der Hierarchie. Dies führt meist zu einer Überlastung der Führung.

▶ Man versucht, im Vorfeld die Position als Gefahrenträger zu verhindern, indem man anderswo Entscheidungen im eigenen Sinne zu beeinflussen trachtet. Auch dazu braucht es o. g. Netzwerke.

Die Liste ließe sich leicht verlängern. In Summe wird jedoch klar, dass es keiner Organisation gelingen kann, sich vollständig zu integrieren. Dazu müssten immer alle alles entscheiden. Das geht für eine gewisse Zeit möglicherweise in Pionierphasen bei Start-ups, aber mit dem Erfolg und dem Wachstum der Organisation werden Subsysteme notwendig, die dann zwangsläufig füreinander unkalkulierbar sind und füreinander Gefahren bereithalten.

Planung und Pläne

Zur Gestaltung der Zukunft braucht es Entscheidungen darüber, welche Zukunft man erwartet oder wünscht und wie man auf diese erwartete oder erwünschte Zukunft reagieren möchte. Organisationen müssen also Pläne machen und Vorkehrungen treffen, wie mit den (immer) knappen Mitteln diejenigen Produkte oder Dienstleistungen geschaffen werden sollen, die sie in der Zukunft erfolgreich machen. Jede dieser Entscheidungen ist riskant. Kann (und will) der Entwicklungsbereich wissen, wie sich seine technischen Entscheidungen im Vertrieb, in der Produktion, der Rechtsabteilung etc. auswirken?

Schon die notwendige Reduktion von Komplexität zwingt also dazu, Perspektiven einzugrenzen, künftige Szenarien zu verwerfen, bisweilen auf nur ein Pferd zu setzen, Möglichkeiten vorbeiziehen zu lassen und die Zumutungen zu tolerieren, die die eigenen Risiken für andere bedeuten. Wenn man alles wissen würde, was man mit seinen

Entscheidungen anrichtet und welche Chancen man verwirft oder übersieht, würde man möglicherweise gar nicht mehr entscheiden. Darum braucht eine Organisation sowohl Binnengrenzen für Kommunikationswege und -pflichten (oft als Silos diskreditiert) als auch Achtsamkeit für unbekannte Zukünfte.

Jede Organisation lässt sich am *Risikopol* folglich daraufhin untersuchen, welche Routinen, Muster und Prozesse sie für die Auswahl wahrscheinlicher Zukünfte ausgebildet hat, wie und wo sie (rational) plant, Pläne robust hält oder verwirft, welche alternativen Pläne sie vorhält oder nicht und wo sie explizit oder implizit auf Planen, Wahrnehmen und Vorstellen attraktiver oder gefährlicher Entwicklungen verzichtet und wie sie dann darauf reagiert, wenn die unerwartete Zukunft eintritt.

Das Unerwartete managen

Das Unerwartete muss gemanagt werden (Weick u. Sutcliffe, 2003). Für Überraschungen sind nicht nur die äußeren Umwelten der Organisation gut – diese sowieso –, sondern eben auch die inneren. Bei beinahe jeder Entscheidung in der Organisation wird also für Unbeteiligte in der Organisation mitentschieden. Wenn man Organisationen am Gefahrenpol verstehen, führen und beraten will, kann man sich anschauen, wie dieser Aspekt von Entscheidungen gestaltet wird. Wie gut kommen die Organisation oder einzelne Bereiche mit Überraschungen, Unverhofftem und Widrigkeiten klar? Wie robust ist sie im Ganzen? Wie robust sind die Subsysteme? Gibt es hier welche, die ständig den »Ausputzer« spielen (müssen)? Wie kompetent sind die Gefahrentragenden im Umgang mit den unerwünschten Aspekten anderswo – in und außerhalb der Organisation – getroffener Entscheidungen? Wo und wie entstehen verlässlich Widerstand, Boykott, Ignoranz? Wird dies formal oder informell gestaltet? Wo und wie werden Dialog, Diskurs und Einfluss gesucht? Wo gibt es Eskalations- oder Vetorechte? Wo wird mit den Risikonehmenden darüber kommuniziert, welche Nebenwirkungen ihrer Entscheidung an den Gefahrenstellen der Organisation sichtbar werden?

Dies ist nur ein kleiner Teil der Fragen, die sich mit dem *Gefahrenpol* des Leitprozesses Zukunftsbehandlung beschäftigen. Sie mögen dennoch einen ersten Eindruck davon vermitteln, dass jede Organisation hier Muster ausbildet, die funktional oder dysfunktional sein können.

Risikonehmende und Gefahrentragende

Wenden wir uns den beiden Positionen, die man in der Behandlung der Zukunft einnehmen kann, genauer zu. Vordergründig könnte man denken, dass die risikonehmende Position die attraktivere ist. Die Vorteile dieser Position sind tatsächlich gegeben:

- ▶ Man kann entscheiden und damit handelnden Einfluss auf die Situation nehmen.
- ▶ Man erntet im Falle der günstigen Entwicklung der Entscheidungen die Lorbeeren.
- ▶ Man macht es wahrscheinlicher, durch den Zuspruch und die Vertrauenszuschreibungen anderer wieder die Rolle des oder der Risikotragenden angetragen zu bekommen (»Die kann das!«).

Die Nachteile dieser Position sind allerdings nicht unerheblich:

- ▶ Man hat auch dann die Folgen zu tragen, wenn die eigenen Entscheidungen aus der Sicht der Gefahrentragenden negativ sind. Gängige Reaktionen sind Anschuldigungen, Vorwürfe, Kontaktabbruch, Schadensersatz, Rache, Drohungen, Widerstand, Verleumdungen, Gegenaktionen, Absicherungsstrategien etc. – jede und jeder kennt das aus schwierigen oder langwierigen Veränderungsprojekten.
- ▶ Man macht sich selbst Vorwürfe, wenn sich in der Zukunft erweist, dass man besser oder gar nicht hätte handeln können. Da man (und alle anderen) im Nachhinein meistens schlauer ist bzw. sind, ist

das – besonders in unsicheren Kontexten – sehr oft der Fall. Dann bereut man, dass man andere nicht hat entscheiden lassen, und trauert den Vorteilen des Gefahrenträgertums hinterher (»Wäre ich doch bloß Mitarbeiter geblieben, statt Chef zu werden!«).

Die Vorteile der Position eines oder einer Gefahrentragenden sind, dass man

▸ berechtigt leiden kann, wenn man negative Folgen ertragen muss,
▸ sich berechtigt fühlen kann, Vorwürfe und Beschuldigungen zu kommunizieren, und für diese Mitteilungen eine klare Zustelladresse hat – nämlich dort, wo das Entscheidungsrisiko genommen wurde,
▸ risikolos behaupten kann, man wüsste, wie es besser gegangen wäre,
▸ keinen Beschuldigungsgefahren – durch sich selbst oder andere – ausgesetzt ist (»Ich kann ja nichts dafür!«) und
▸ sich mit anderen Betroffenen leicht zu (Beklagungs-)Gemeinschaften (»Die Chefin halt wieder!«, »Das Wetter …!«) zusammenfinden kann. Gefahrentragende fühlen sich von anderen Gefahrentragenden gut verstanden.

Die Nachteile dieser Position sind ebenfalls markant:

▸ Man erlebt sich als nicht wirksam,
▸ man gestaltet die eigenen Interessen und Bedürfnisse nicht,
▸ man kann nur reagieren und sich anpassen oder rebellieren,
▸ die Aufforderung, es selbst besser zu machen, droht die eigene (In-)Kompetenz sichtbar werden zu lassen.

Risiken sind standpunktabhängig

Die Polarität von Risiko und Gefahr wird auch noch an einer anderen Stelle deutlich, nämlich wenn es darum geht, ob überhaupt etwas ein Risiko ist. Risikobewertungen – also die Frage, ob sich eine bestimmte Entscheidung und das daraus resultierende Verhalten in der Zukunft lohnen oder man es bereuen wird – sind immer an die Perspektive dessen gebunden, der die Bewertung vornimmt. Dies wird oft unterschlagen: Ist Kernkraft gefährlich? Hier muss man fragen: Für wen? Für die aktuell Lebenden oder die ungeborenen Urenkel? Für die Menschen, die um den Reaktor leben oder die ganz weit weg sind?

Wenn also die Frage, wie gefährlich ein Risiko ist, nicht entkoppelt werden kann von Interessen und den daraus resultierenden Bewertungen, ist auch in Organisationen nicht zu erwarten, dass Risikoentscheidungen im Konsens zu lösen sind. Im Gegenteil: Es ist damit zu rechnen, dass Unterschiedliches auf dem Spiel steht (etwa Gesundheit versus Gewinn) und daher Konflikte normal sind. Risiken, die im Konsens eingegangen werden, sollten eher daraufhin untersucht werden, auf wessen Kosten die Einigkeit erzielt wurde. Wer wurde erst gar nicht gefragt (z. B. die noch nicht Geborenen)? Etwas, das angeblich für alle Betroffenen in der Zukunft nur Vorteile bringt, ist aus der Sicht dieser Theorie mit Vorsicht zu genießen und in die Frage zu überführen: Wer hat nicht mit am Entscheidungstisch gesessen?

Die Beherrschbarkeit von Risiken

Je mehr Entscheidungsmöglichkeiten ein System hat, um die Zukunft zu beeinflussen oder auf künftige Ereignisse anders zu reagieren, desto mehr ist es damit beschäftigt, seine Risiken zu kalkulieren. Insbesondere für (Wirtschafts-)Unternehmen, die ja auf künftigen Erfolg setzen und auf ihn angewiesen sind, wird daher die Beschäftigung damit, welche Risiken eingegangen werden (Roll-out des Verkaufs in ein weiteres Land?), welche gegenwärtigen Kosten dafür eingesetzt werden (Aufbau von Vertriebsstrukturen), an welchen Kriterien Erfolg abgelesen wird (Zeitpunkt für Return on Investment) und Weiteres mehr, unvermeidlich. Es bilden sich folglich Normen, die einen angemessenen Umgang mit Risiken kenntlich machen (Ist der Business Case rund? Was sagt das Risk Management?). Aber ist es rational, Rationalität im Umgang mit Risiken zu fordern? Ist dies leistbar?

Das ist schon deshalb fraglich, weil das Risiko immer – jetzt – von den Risikonehmenden kalkuliert wird, und die Gefahrentragenden in die Kalkulation bestenfalls als Kosten eingerechnet werden. Was also für das Unternehmen rational kalkuliert ist, mag für Teile seiner Umwelt vollkommen irrational sein (z. B. wegen der Ausbeutung von Naturressourcen o. Ä.).

Wie werden Risiken abgesichert?

Folglich dient Risikokalkulation vor allem auch dem Zweck, Argumente für die Risikokommunikation zu haben, wenn sich der Erfolg oder der Misserfolg eingestellt hat. So können die Kalkulationen helfen, die Väter des Erfolgs zu identifizieren (»Weil wir so mutig waren!«) oder den Misserfolg zu rechtfertigen (»Alle Annahmen waren eigentlich richtig; nur weil die Devisenkurse so abgestürzt sind, ist es nicht gelungen.«). Diese Überlegungen sind ein weiterer Teil in der Argumentationslinie, dass sich Konsens über »berechtigte« Risiken nicht herstellen lässt und daher Entscheidungen über Risiken immer angreifbar bleiben.

Auch an dieser Stelle führt der Gedankengang also zur Bedeutung von Konflikten und deren Bearbeitung im sozialen System. Konsens erscheint hier als Spezialfall einer Kommunikation, die vermutlich die Kosten der konsensualen Einigung nicht im Blick hatte: Um überhaupt eine Einigung herstellen zu können, wird der Preis des Konsenses ausgeblendet. Konsens entsteht also zulasten derer, die am Konsens nicht beteiligt waren oder beteiligt werden konnten (etwa zukünftige Generationen).

Wer Entscheidungen trifft, die sich in der Zukunft auswirken, der hat meist einen Bedarf, sich abzusichern bzw. eine sichere Entscheidungsgrundlage – die es nie gibt – zu finden. Bei der Beschäftigung mit Strategieentwicklungskonzepten, Risikoforschung, Pädagogik, Psychologie, Medizin, Organisationstheorie u. a. m. fällt auf, wie viele Konzepte sich mit dem Erreichen von (Schein-)Sicherheit beschäftigen, ohne sich im gleichen Ausmaß mit den Risiken zu beschäftigen, die es birgt, Sicherheit als an sich erstrebenswert anzusehen und anzustreben. Impf- und Vorsorgeuntersuchungsschäden, Vermögenseinbußen durch Versicherungsprämien, Tunnelblick auf das strategische Ziel, mangelnde Resilienz und Robustheit durch fehlende Herausforderungen, Bequemlichkeit und Anspruchshaltung aufgrund übertriebener Verwöhnung – die Beispiele ließen sich lange fortsetzen.

Dabei gilt es, im Blick zu behalten, dass es nie risikolos ist, nach Sicherheit zu streben, oder dass es gar möglich wäre, ohne Gefährdungen zu leben oder zu wirtschaften (siehe Luhmann, 2005b, S. 149 ff.). Organisationen setzen viele Ressourcen ein, um Geschäfte, Währungskurse, Märkte etc. abzusichern. Das macht aber auch langsam, kultiviert Ängste, reduziert Selbstvertrauen und induziert Misstrauen. Darum sind Start-ups, die sich darum oft nicht viel scheren, häufig erfolgreich bzw. wird dies der Grund ihres Scheiterns. Auch hier sieht man: Man kann vorher nicht wissen, ob die eigene Tollkühnheit den Tod oder das Heldentum bringt.

Risikoloses Entscheiden

Leben gefährdet die Gesundheit – dieser Spruch bringt in aller Kürze auf den Punkt, was für (Wirtschafts-)Organisationen, Unternehmerinnen und Unternehmer sowie Management so wichtig ist: Es gibt keine Handlungen, die keine Schäden verursachen oder Nachteile beinhalten (könnten). Der Gebrauch von Freiheit (= Treffen von Entscheidungen) birgt immer auch Gefahren für andere und Risiken für die eigene Person. Freiheit ist riskant. Niemand kann alles richtig machen oder ausschließlich in Feldern handeln, in denen er in das Leben anderer nicht (ungünstig) eingreift. Oder wie schon der Evangelist weiß: Auch der Gerechte fällt siebenmal am Tag. Es versteht sich von selbst, dass der Gedankengang keine Legitimation für bewusst schadenstiftende Aktivitäten sein soll und kann.

Angesichts dessen ist der Aufwand, den viele Menschen und soziale Systeme treiben, um alles (ganz) richtig zu machen, das »Gute« zu erkennen und umzusetzen, erstaunlich. Die Kritik der planenden Vernunft ist unerlässlich (ausführlich dazu Tenbruck, 1972). Organisationen sind – wie alle sozialen Systeme – darauf angewiesen, dass ihre Mitglieder wissen, dass es keine heile Welt geben kann bzw. organisationales Handeln immer Gewinner und Verlierer erzeugt. Sind hier andere Erwartungen im Spiel oder werden sie erzeugt, sind Enttäuschungen vorprogrammiert und es wird schwierig, für nicht konsensfähige Entscheidungen Zustimmung zu bekommen. Die Fähigkeit von Entscheiderinnen und Entscheidern, kompetent mit zwangsläufigen Schuldgefühlen umzugehen, ist deshalb besonders wichtig.

2.6 Leitprozess Vernetzung – verknüpfend oder entkoppelnd?

Praxisbeispiel Leitprozess Vernetzung

Ein mittelständisches, weltmarktführendes Unternehmen plant die Reorganisation einer Produktsparte: Näher an Kundinnen und Kunden, schneller und lösungsorientierter soll es vor allem werden. Erreicht werden soll dies u. a. durch eine mehrdimensionale Matrixorganisation (Region – Produkt – globale Querschnittsfunktionen à la Key-Account-Management) – ein großer Wurf, wenn es um die Vernetzungskompetenzen der Organisation geht. Die Analyse der vorhandenen Koppelungsfähigkeiten und -grade in der Organisation fokussiert vor allem die Frage: Wie werden heute internationale, cross-funktionale Teams, Projekte, globale Rollen und (in-)formale Strukturen (dys-)funktional gelebt? Es zeigt sich, dass die Organisation selbst bei »einfachen« Vernetzungsstrukturen Schwierigkeiten hat und diese ungünstig primär informell löst – eine Vielzahl persönlicher Überforderungen, Konflikte und Unzufriedenheiten sind die Folge, die die Organisation u. a. durch die Unternehmenswerte verschleiert.

Wir beginnen mit einer Anekdote. Eine Start-up-Ausgründung aus einem großen deutschen Konzern wächst rasant. In zwei Jahren von fünf auf 200 Mitarbeitende. Es gibt immer noch keine Finanzabteilung. Die Gründer machen alles. Auf den Vorschlag des Beraters, doch eine erfahrene Finanzleitung einzustellen, folgt ungläubiges Staunen und die Bemerkung: »Dann hätten wir ja gleich im Konzern bleiben können.« Was lehrt uns das? Gruppen können nicht wachsen, da sich ab zwölf bis 15 Mitgliedern immer Untergruppen – also neue Gruppen – bilden (Kieserling, 1999). Sollen diese Untergruppen zusammenwirken, braucht es einen anderen Typus von sozialem System: Organisationen! Diese können wachsen, allerdings eben nur um den Preis der Entkoppelung ihrer Subsysteme. Warum ist das so?

Wenn ein Organisationssystem wächst, muss es die Zahl seiner internen Bezugnahmen begrenzen: Nicht mehr alles mit allen und jeder mit jedem zu jeder Zeit! Die Zahl der (organisationalen) Subsysteme, die ihre eigenen Prozesse pflegen und gemäß ihrer eigenen Logik nachgehen, wächst. Dabei ist es zunächst nachrangig, ob dies als Hierarchie und in Abteilungen geschieht oder in heterarchischen »Circles« oder gewählten Gremien. Organisationen müssen auf irgendeine Art ihre Vernetzungsdichte gestalten (Kruse, 2004), da bei der Fülle von Sachfragen, die entschieden werden müssen, immer noch weitere Daten und Analysen aus der Organisation oder aus relevanten Umwelten (Kundinnen, Lieferanten, Beraterinnen, Wettbewerb etc.) in die Entscheidung einfließen könnten und dies nur sukzessive über die Zeitachse bearbeitbar wäre. Daher müssen ständig Entscheidungen getroffen werden, die regeln, ob die (Entscheidungs-) Vernetzung erhöht oder verringert wird. Es geht also organisationsdynamisch darum, was worauf aufbaut, wer wessen Sachverstand einholen muss, was autonom bearbeitet werden kann und welche Rückkoppelungsprozesse mit anderen Leistungserbringern (Mitarbeitende, aber auch Leiharbeiter, Beraterinnen, Interimspersonal, Tochtergesellschaften etc.) der Organisation verbindlich sein sollen. Welche Abteilung, welches Projekt, welches Scrum-Team kann für welche anderen Elemente der Organisation Randbedingungen verändern oder Erfolgsfaktoren definieren? Wo entsteht der (nötige?) Überblick? Wie viel Vernetzung kann sich die Organisation leisten, ohne dass die erzeugte Komplexität zur Überforderung wird? Was wird zentral, was dezentral entschieden? Worüber ist mit wem wann Rücksprache zu halten? Weil all diese Fragen auch immer sehr standpunktabhängig sind, entstehen an diesem Leitprozess viele organisationale Konflikte und Dysfunktionalitäten. Auch die wirtschaftliche Effizienz hängt an einer klugen Gestaltung der internen Struktur und den damit verbundenen Transaktionskosten (Baecker, 2003, S. 210 ff.).

Vernetzung braucht Entkoppelung und Verknüpfung

Entkoppelung nennen wir den einen der beiden Pole dieses Leitprozesses. Eine Organisation kann Arbeits- und Kommunikationsprozesse entkoppeln. Der Einkauf muss nicht (täglich) mit dem Verkauf sprechen, die Entwicklerin des Außenspiegels nicht mit dem Entwickler der Antriebsachse. Damit reduziert die Organisation Komplexität und schafft Parallelprozesse. Das ist eine der großen Leistungen der Organisation. Es muss dabei aber klar sein: Vereinfachungen erzeugt man dadurch, dass man das meiste von dem, was möglich ist und was auf das System einwirkt, ignoriert. Die Organisation macht sich punktuell und zeitweise teilblind. Das löst und erzeugt Probleme.

Überall dort, wo organisationale Prozesse entkoppelt werden, wird einerseits Komplexität reduziert und gleichzeitig für die Gesamtorganisation neue Komplexität geschaffen. Ein Beispiel: Eine Organisation reagiert mit ihrer Binnenkomplexität auf veränderte Umweltanforderungen (neue Länder, in denen verkauft werden soll, kommen hinzu), indem sie das bislang einzige Vertriebsteam in länderspezifische Teams aufteilt. Damit entkoppelt sie die Mitglieder der jeweiligen Teams, entkoppelt Verkaufs- und Marketingstrategien und entkoppelt die zeitliche Positionierung von Verkaufsoffensiven. Dadurch können sich die jeweiligen Teams spezifischer um die jeweiligen Länder kümmern. Sie müssen sich nicht mit Fragen herumschlagen, die irrelevant sind, und müssen auch nicht so viele Sprachen sprechen. Gleichzeitig schafft das aber für die Gesamtorganisation eine neue Eigenkomplexität. Nun müssen nämlich die verschiedenen Länderteams in irgendeiner Weise koordiniert, vernetzt, kontrolliert und mit Ressourcen unterstützt werden. Man landet somit automatisch beim Gegenpol dieses Leitprozesses – dem Verknüpfen von Themen.

Verknüpfen und Entkoppeln von Themen als Führungsaufgabe

Die offensichtlichste Form der Verknüpfung in Organisationen sind Organigramme. Sie regeln etwa, wer mit wem *worüber* spricht (Anweisungen oder Berichterstattung) und wer was tut und wohin Erfolg, Verantwortung und Schuld sortiert werden können. Es gibt jedoch unendlich viel mehr Prozesse der formalen und informellen Verknüpfung in Organisationen: Meetings und Stand-ups, softwarebasierte Prozesse, Abteilungsziele, Adresslisten, Kantinen, Rauchecken, um nur einige zu nennen. Niklas Luhmann (2000a) spricht u. a. von Kommunikationswegen und Programmen (S. 256 ff.), die als Entscheidungsprämissen vor allem das Gedächtnis der Organisation (S. 192 ff.) und damit die Zeitdimension ausgestalten. Diese haben eine innere Tendenz zum Wachstum (landläufig: bürokratische Strukturen). Organisationen neigen zu weiteren, neuen und umfassenderen Verästelungen von Verknüpfungen für Controlling, Plan- und Jahresziele, Satzungen, Verträge, Ressourcenzuteilung etc.

Doch auch hier regiert das Paradox. Je mehr Bürokratie, desto mehr entwickeln sich informelle Wege, um die nötige Flexibilität zu erhalten. Je mehr Zentralisierung, desto mehr bleiben Subsysteme der Organisation – entkoppelt – möglichst »unter dem Radar«. Je mehr Mitarbeitende ihre Zeit in Abstimmungsmeetings verbringen, desto wichtiger wird es irgendwann, autonome Bereiche für Innovation und Entwicklung zu schaffen. Nicht zuletzt daraus speist sich u. E.

auch die aktuelle Tendenz hin zu fluiden teilautonomen Gruppen, zu Design-Thinking etc.: Sie bauen (temporär) einen organisationalen parallelen Kokon mit spezifischen Regeln außerhalb der »unfriendly culture« der Restorganisation.

Entkoppeltes verknüpfen oder verknüpftes Entkoppeln? Diese Frage ist aus der Sicht des Leitprozesses Vernetzung eine grundlegende Führungsaufgabe, für die es kein Rezept und keine zeitübergreifenden Richtigkeiten gibt. Organisationen können bei strukturellen Konflikten nicht entscheiden, *ob* sie sie haben, sondern nur *wo* und durch *wen* sie *wie* bearbeitet werden. Dies zu regeln, ist eine der zentralen Führungsaufgaben und höchst voraussetzungsreich. Jede Organisation kann im Hinblick auf die beiden Entscheidungspole sowohl zu eng wie zu lose aufgestellt sein. Auch kann sie ungünstig zu schnell zwischen den beiden Polen oszillieren. Gerade letzteres ist ein Hinweis darauf, wie schwierig es ist, die passende Antwort auf die Verhältnisse zu finden. Einmal gewährte fachliche Autonomie wird von Organisationsteilen ebenso widerwillig aufgegeben wie das einmal gewährte Recht, sich einmischen zu dürfen. Darum sind die Vernetzungsmuster häufig so stabil und können oft nur durch massive Reorganisationen gegen entsprechende Widerstände unterbrochen werden.

Selbstverstärkende Effekte

Die Vernetzung von Handlungen ist eine Kernaktivität von Organisationen. Bibliotheken von betriebswirtschaftlicher Literatur und Forschung, Konzepten und Beratungsangeboten lassen sich zu Themen wie Produktion, Produktionsplanung, Supply-Chain-Management, Fertigungstiefe, Prozess- und Projektmanagement, Aufbau- und Ablauforganisation u. v. a. m. finden. Auch diverse Managementmoden greifen hier an: Holacracy (Robertson, 2016), VSM (Lambertz, 2019), Lean (Dahm u. Brückner, 2017) etc. Aus der Sicht unserer Theorie der Veränderung ist entscheidend, dass die Kompliziertheit, die in Organisationen oft erzeugt wird, mehrere, sich selbst verstärkende Effekte hat:

- ▶ Je komplizierter die Verhältnisse sind, desto anfälliger ist das System im Hinblick auf nicht (!) eingeplante Abweichungen. Da alles aufeinander abgestimmt ist, ist auch alles betroffen, wenn eine nicht vorhergesehene Störung auftritt. Deshalb versucht man, wirklich alles vorherzusehen, intensiviert die planerischen Aktivitäten und steigert so die Kompliziertheit wie auch die Teilblindheit für Gefahren(-tragende).
- ▶ Je komplizierter die Verhältnisse werden, desto mehr unterschätzen diejenigen, die diese Verhältnisse konstruieren, dass die Betroffenen und die Benutzer und Benutzerinnen ihrer Prozesse und Strukturen nicht den gleichen Überblick haben wie sie selbst. Kompliziertheit und Kompetenz sind gekoppelt – sachlich, sozial und zeitlich. So werden Schulungen nötig, um den Organisationsmitgliedern weitere Kompliziertheit und damit weitere Schulung zumuten zu können, so müssen verschiedenste Mitarbeitende miteinander zurechtkommen und sich synchronisieren.
- ▶ Je komplizierter die Verhältnisse, desto anspruchsvoller werden die Reorganisationsaufwände im Falle von Umweltveränderungen, großen Transformationen in der Organisation (neue Standorte, neue Vertriebskanäle) oder innovativen Produkten. Flexibilität und Anpassung werden immer schwieriger, weil immer mehr Variablen zu berücksichtigen sind.

Organisationen, die also keine Grenzen des Machbaren etablieren und normalisieren, ersticken an ihren Möglichkeiten. Limitierung von Möglichkeiten durch Regeln, Normen, Werte, Verträge – all das sind Maßnahmen, die auch den Leitprozess Vernetzung bedienen. Deswegen sind auch alle Regeln (Leitprozess Gegenwartsbehandlung) als Elemente der Entkoppelungs-/Vernetzungsdynamik zu verstehen (siehe Luhmann 2000a, S. 263 ff.):

- ▶ »Wenn das passiert, dann ist das zu tun!« Damit sind viele alternative Handlungsmöglichkeiten blockiert.
- ▶ »Wenn X etwas sagt, dann ist das zu tun!« Damit weiß man, wessen Instruktionen gelten.

▶ »Wenn dort etwas besprochen wird, dann muss es entschieden werden!« Damit weiß man, welche Kommunikationswege zu Handlungskonsequenzen führen.

Solche »Räume der Entkoppelung« braucht eine Organisation, um nicht an den Möglichkeiten der Verknüpfbarkeiten zu verzweifeln, koordinationsfähig zu bleiben und nicht in Ausnahmen zu ersticken. Gleichzeitig zeigt sich, dass jede Entkoppelung Vertrauen voraussetzt (siehe unten Leitprozess Sozialkomplexität) und auf die situationsspezifische Behandlung der gegenwärtigen Verhältnisse setzt (siehe Leitprozess Gegenwartsbehandlung). Entkoppelung, situationsgerechte Entscheidungen und Vertrauen sind ebenso Geschwister wie Verknüpfung, Regeln und Kontrolle. Die drei Sinndimensionen – sachlich, sozial, zeitlich – sind nicht ohne einander bearbeitbar.

2.7 Leitprozess Entscheidungsorientierung – innen- oder außenorientiert?

Praxisbeispiel Leitprozess Entscheidungsorientierung

Ein globales Pharmaunternehmen führt im Bereich der Produktentwicklung eine agile Struktur entlang der Scrum-Methodik ein. Die ursprünglich sehr binnen- und Compliance-fokussierte F&E-Abteilung ist nunmehr gefordert, innerhalb der iterativen Produktentwicklungszyklen cross-funktional zu arbeiten und u. a. eine regelmäßige Markt- und Kundenschnittstelle zu institutionalisieren. (Hier wird die Scrum-Methodik der Einfachheit halber aufgeweicht und Marketing/Vertrieb werden als Kundenrepräsentanzen gewählt – der Endkunde stört.) Das fällt den Entwickelnden unterschiedlich leicht, unterbricht es doch die gewohnten Entwicklungsprozesse. Auch den involvierten Akteurinnen und Akteuren mit stärkerem Außenfokus – marktseitig: Compliance, Marketing/Vertrieb, systemintern: Produktion, Controlling … – geht das cross-funktionale Arbeiten nicht immer leicht von der Hand: Die sachliche, zeitliche und soziale Komplexität der Forschungsmaterie überfordert sie. Die Transformation spült viele Unzufriedenheiten nach oben, das Go-to-Market der ersten Projekte läuft holprig, es gibt erste Stimmen, die die »agile« Neu-struktur bereits infrage stellen.

Die überlebensrelevanten Umwelten einer Organisation

Organisationen orientieren sich – wie alle autopoietischen Systeme – daran, was dem eigenen Überleben dient. Darin können sie sich – wie alle Systeme – täuschen und irren. Dies zeigt, dass hier Ent-scheidungen im Spiel sind, die angemessen und unangemessen sein können. Für Organisationen im Wirtschaftssystem ist Überlebens-bedingung, dass mehr Geld eingenommen als ausgegeben wird. Tri-vial, aber wichtig: Sie müssen also etwas anbieten, wofür andere Sys-teme – genannt Kundinnen und Kunden – motiviert sind, Zahlungen zu leisten. Wenn also Zahlungen generiert werden müssen, braucht es Informationen darüber, wie diese zustande kommen können. Diese Informationen gewinnt die Organisation entweder aus der inneren Umwelt (wie Produkt-, Dienstleistungs- und Optimierungsideen von Mitarbeitenden) oder aus der äußeren (wie Kenntnis über Kundin-nen und Kunden, besonders deren Wünsche und Bedarfe, Daten über Märkte, Benchmarks zur Konkurrenz etc., aber eben auch Informa-tionen aus der »internen externen« Umwelt der anderen Subsysteme). Die Frage der Leitunterscheidung Entscheidungsorientierung lautet also: Orientieren sich Entscheidungen an Informationen aus der äu-ßeren oder der inneren Umwelt der Organisation?

Nimmt man die Polarität dieser Leitunterscheidung ernst, verbie-tet es sich grundsätzlich und für alle Organisationen, einen der beiden Pole »heiligzusprechen«. Genau das versuchen ja viele »agile« Metho-den (Scrum, Design-Thinking …) auch zu institutionalisieren. Hier gilt ganz besonders, dass das, was für die eine Organisation richtig ist, für eine andere falsch sein kann.

Doch der Reihe nach. Was bedeutet es, wenn eine Organisation im Hinblick auf ihre Entscheidungsorientierung sich von der inneren Umwelt leiten lässt? Sucht man ein Beispiel für eine innenorientierte Organisation, stellt man sich am besten ein Krankenhaus in alten Zeiten vor: Klare und eiserne Besuchsregelungen, wenig Information für die Patientinnen und Patienten, klarer Schichtplan mit Waschen und Füttern der Kranken ab fünf Uhr morgens, Einheitsessen, alle Macht beim Arzt und dessen Urteil, was für den Patienten oder die Patientin das Beste ist. Innenorientiert fallen Entscheidungen dann, wenn sie den Bezugspunkt nicht bei den Leistungsempfängerinnen und -empfängern, sondern bei der Leistungserbringung – also bei der Referenz im Innen – haben. In Organisationen, die an diesem Pol sind, herrschen eher Forschung und Entwicklung und nicht der Vertrieb, herrscht Controlling und nicht Marketing, herrscht die Vorschrift und nicht der Kunde – und zwar deshalb, weil es der Kunde

- ▶ entweder nicht »bestrafen« will, weil er keinen wahrnehmbaren Nachteil hat oder es ihm sogar einen Vorteil bringt (etwa bessere Qualität),
- ▶ oder nicht »bestrafen« kann, weil er keine Kaufalternativen hat oder aus anderen Gründen auf den Verkäufer angewiesen ist.

Sucht man ein aktuelleres Beispiel, wie sich eine Organisation am Leitprozess Entscheidungsorientierung nach innen ausrichten kann, dann könnte man den Leitspruch der Daimler AG »Das Beste oder nichts!« als Illustration nutzen. Mit diesem Satz wird ein Entscheidungsfokus auf der Sachebene vorgegeben, der eine kontinuierliche Prämisse für Einzelentscheidungen abgibt. Das Beste entscheidet hier der Ingenieur, nur am Rande die Kundin – viele Probleme der Automobilindustrie (und Ohnmacht gegenüber alternativen Anbietern, die einem anderen Paradigma der Entscheidungsorientierung folgen) lassen sich daraus ableiten. Ähnliches lässt sich beobachten, wenn eine Software Funktionen hat, die ein Großteil der Kundinnen und

Kunden weder braucht noch nutzt, aber die Programmierabteilung für ein Feature hält. Auch Abteilungsziele, Kompetenzaufbauziele oder Produktroadmaps sind organisations*interne* Referenzen. Für die Entscheidungsfindung, an was man sich sachlich im Innen orientiert, braucht es also Prämissen, Grundsätze und Regeln. Damit werden einzelne Entscheidungen entlastet und die Prozesse koordiniert.

Organisationen können einen Mangel oder ein Zuviel an solchen Referenzen produzieren, die den Einzelentscheidungen der Mitarbeitenden eine konsistente Richtung geben. Innenreferenzen lassen sich planen und festlegen. Daher sind sie auch ein beliebter Fokus für Managerinnen und Manager und haben als Konzept unter dem Titel »Management by Objectives« Karriere gemacht. Die Schwierigkeit dabei ist, dass die Mitarbeitenden auch dann noch in ihren Entscheidungen auf die Innenreferenz festgelegt sind, wenn Außenreferenzen sie schon lange darauf hinweisen, dass die Ziele, die Regeln, die Produktideen etc. angepasst oder aufgegeben werden müssten. So wird die Organisation unflexibel und reagiert auf sich selbst und nicht auf die äußere Umwelt.

Orientierung an der äußeren Umwelt

Der Vorteil einer Informationsgewinnung aus der äußeren Umwelt liegt im Marktbezug und der Orientierung an Kundinnen und Kunden. Dies gilt in manchen organisationstheoretischen Ansätzen als Königsweg und Merkmal einer »guten« Organisation. Customer Centricity wird dann zu dem Fokus, der in den letzten beiden Jahrzehnten Karriere gemacht hat. Verwaltungsbehörden sind zum Bürgercenter geworden; die Zeiten sind vorbei, in denen die Deutsche Telekom gegen das Einreichen langer Formulare nach Wochen Wartezeit das eine graue Telefon installiert hat; und im Autohandel wird man bedient wie in der Espressobar. Wertschöpfungsströme werden an (künftigen) Kundenwünschen ausgerichtet, die Kundin wird ins Unternehmen geholt, frühzeitig in Entwicklungs- und Produktionsschritte eingebunden. Änderungswünsche sind willkommen. Das agile Manifest kann – missverstanden – der Ausdruck dieser Orientierung schlechthin werden, wenn es einseitig gelebt wird. Diese Schieflage ist leider oft zu beobachten. Die Informatik – lange Zeit Vorreiter der Orientierung an sich selbst – hat mit Scrum und seinen Nachfolgekonzepten Benchmarks gesetzt, wie New Work Organisationen von Grund auf verändern kann.

Die Orientierung an Kundinnen und Kunden ist jedoch nur eine Form der Außenorientierung von Entscheidungen. So ausschließlich, wie das bisweilen empfohlen wird, geht es nicht, auch wenn man nur das Außen in den Blick nimmt. Infrastrukturgegebenheiten, Gesetzesvorgaben, Steuervorteile, Produktionsvorteile u. a. m. sind allesamt Rahmenbedingungen im Außen der Organisation, an denen der Leitprozess Entscheidungsorientierung nicht vorbeikommt. Genauso wichtig sind die inneren Umwelten der Organisation, also etwa andere Bereiche, Standorte, Funktionen etc.

Von den Daten zur Information

Es wird sehr leicht unterschätzt, welches Konfliktpotenzial sich in diesem Leitprozess bündelt. Organisationen wenden sehr viel Budget auf, um Daten zu erheben, damit sie eine Entscheidungsgrundlage für diesen Leitprozess haben. Daten sind gewissermaßen das funktionale Äquivalent von Wahrnehmungen im psychischen System. So wie Menschen ihren Wahrnehmungen emotional wie kognitiv Bedeutung geben, so müssen Organisationen Daten deuten. Daten werden erst dann zur Information, wenn sie ausgewählt, interpretiert und in einen Kontext gestellt werden (zur Unterscheidung von Daten, Information und Wissen siehe Simon, 2007, S. 60 ff.). Aus diesem schlichten Grund gehen die Einschätzungen über die Daten aus den Umwelten der Organisation in aller Regel weit auseinander und sind nachhaltig umstritten. Gleichzeitig hofft man, über Big Data und künstliche Intelligenz ein (Rest-)Maß an Kontrolle wiederzugewinnen.

Um Daten der äußeren Umwelt zu generieren, braucht es Marktforschung, Big Data, Benchmarks, Analysen über das Verhalten von Kunden und Kundinnen, Marketingreichweiten und zunehmend künstliche Intelligenz etc. Doch damit beginnen eben die Entscheidungsprozesse erst, die für Organisationen typisch sind: Welche Daten sollen ausgewählt werden? Welche Menge? Wie vertrauenswürdig sind sie? Welche Interpretationen sind möglich? Welche Konsequenzen folgen? All das muss entschieden werden, benötigt Kommunikation, schafft Konflikte, verbraucht Zeit und Ressourcen (siehe oben Bürokratie). Vor allem aber erhöht es auch die Unsicherheit in der Organisation, weil der Spielraum der Deutung hoch und riskant ist.

Ähnliches gilt für Daten der inneren Umwelt der Organisation. Deshalb kommt den Kennzahlen, die durch Controlling erzeugt werden, meist so große Bedeutung zu. Daten über den inneren Zustand der Organisation – KPIs, Mitarbeiterbefragungen, Reportings etc. – zu erheben, scheint vielen Organisationen unerlässlich. Aus systemtheoretischer Sicht, die Organisationen als Kommunikationssystem versteht – liegt das insbesondere daran, dass Zahlen, wenn sie erst einmal vorliegen, für einen gewissen »Kommunikationszwang« sorgen. Man *muss* darüber reden und kann sie selten so einfach übergehen. Viele Organisationen reagieren deshalb auf (neue) Daten mehr als auf mitgeteilte Wahrnehmungen von Mitarbeitenden. Es macht einen Unterschied, ob Meinungen vorliegen (»Ich denke, dass es um die Zufriedenheit der Mitarbeiter nicht zum Besten steht.«) oder ob Daten dazu aufbereitet werden (»Die Befragung der Mitarbeiterinnen und Mitarbeiter zeigt einen gravierenden Vertrauensverlust ins obere Management.«). Daten werden zudem auch deshalb weniger ignoriert, da das Ignorieren meist nachweisbar ist! So kommt es in Organisationen sehr darauf an, *welche* Daten erhoben werden. Hierfür gibt es eingeübte Routinen (Controlling, Buchhaltung, Zielerreichungsgespräche), die meist hingenommen oder verbessert, aber seltener infrage gestellt werden. Und es gibt Sondererhebungen wie Mitarbeiterbefragungen, Unternehmensanalysen durch Wirtschaftsprüfungsgesellschaften oder Organisationsberaterinnen, Gesundheitschecks oder Revisionen. Worüber keine Daten vorliegen, kommt weniger häufig in die (offizielle) Kommunikation und spielt damit im Leitprozess Entscheidungsorientierung auch meist eine weniger wichtige Rolle. Darum haben die Funktionsbereiche einer Organisation – etwa die Personalentwicklung –, deren Wahrnehmungen und Erfolgsbeiträge sich schlecht(er) in Datenform bringen lassen, oft einen internen »Wettbewerbsnachteil« in Entscheidungsprozessen, aber auch in der Darstellung ihres Beitrags zum Erfolg (oder Misserfolg).

Relevanz von Daten

Der Leitprozess Entscheidungsorientierung beschäftigt sich mit genau dieser Komplexität. Organisationen müssen aus der Fülle der äußeren Umweltdaten, die angeboten werden und zur Verfügung stehen, auswählen. Der Hang zu glauben, »je mehr Daten, desto besser die Entscheidungen«, ist hoch. Oft fallen die Entscheidungen darüber, welche Daten relevant sind, eher zufällig durch Vorlieben einzelner Manager und Managerinnen oder sind getrieben von Unternehmensberatungen, die ihren Kunden entsprechendes Material zur Verfügung stellen (und so ihr Geschäft ankurbeln können).

Da Veränderungen immer mit Unsicherheit einhergehen, wo vordem Sicherheit herrschte, sind neue Daten auch ein bevorzugtes Instrument der Organisationsentwicklung. Wenn erst einmal bekannt ist, dass die Konkurrenz 20 % weniger Durchlaufzeiten, Reklamationen, Ausschuss oder Personalfluktuation etc. hat, dann wird es schwieriger, den Status quo zu verteidigen und nichts zu verändern.

Es gibt für die meisten Organisationen Referenzen in der äußeren Umwelt, die nicht übergangen werden können: Gerichte können nicht die neuen Gesetze des Gesetzgebers übergehen; Unternehmen können nicht (wirklich?) die Regeln der Besteuerung, ISO-Zertifizierungen oder Produktvorschriften zu Abgasgrenzen missachten, sie können außerdem schlecht das neue Produkt der Konkurrenz ignorieren; und Behörden können nicht einfach Beamtinnen und Beamte vor die Tür setzen.

Welche Daten sind entscheidend?

Der Leitprozess Entscheidungsorientierung hat im Außen notwendige Begrenzungen, die für das »Überleben« unabdingbar sind. Der mögliche Spielraum ergibt sich dann innen, also in der Art, wie die äußeren Bedingungen umgesetzt werden. Im geschickten Umgang mit äußeren Notwendigkeiten entfalten Organisationen eine durchaus eindrucksvolle Kreativität, um rigide Normen zu flexibilisieren, pro forma zu erfüllen, zu umgehen, zu tarnen und zu täuschen, im Kleingedruckten eigene Interessen zu verfolgen, Vorschriften intelligent zu interpretieren, so zu tun, als hätte man von nichts gewusst, formal alles zu beachten und es informell locker zu handhaben. All das ist oft funktional und intensiv gekoppelt mit dem Leitprozess Gegenwartsbehandlung. So vermischt sich Innenorientierung mit Außenorientierung und der Leitprozess tritt auch hier den Beweis an, dass die eine Seite der Medaille nur mit der anderen zusammen zu haben ist und Entscheidungen immer einen Preis haben.

Die allermeisten Unternehmen versuchen die Polarität des Leitprozesses Entscheidungsorientierung über ihre Vision, ihre Werte, ihr Leitbild zu lösen: effizient und kundenorientiert; innovativ und schnell etc. Genauso können sich aber unterschiedliche Bereiche, Abteilungen oder Teams so oder so formieren oder eben einzelne Entscheidungen auf innere oder äußere Umwelten abzielen. *Innenorientierte* Entscheidungen sind im Wortsinne oft naheliegender, da das unmittelbar wahrnehmbare Gegenüber sehr viel häufiger der direkte Kollege und nicht die Kundin oder die Kollegin am anderen Standort ist. Das heißt, Mitarbeitende neigen dazu, sich in ihren Entscheidungen an dem auszurichten, was Harmonie am eigenen Ort und Konflikt anderswo schafft. Dies ist einer der Gründe, warum in Organisationen bei Erfolg und in der Krise auf Dauer häufig eine Asymmetrie zugunsten der Innenorientierung zu beobachten ist.

Im Hinblick auf Außen- und Innenorientierung einer Organisation spielt es eine bedeutsame Rolle, aus welcher Richtung der Innovationsdruck kommt. Kommen die Innovationen aus dem Markt oder dem Wettbewerb, also von außen, wird sich eine Organisation ganz anders strukturieren, als wenn Innovationen aus der eigenen, geheimen Forschung und Entwicklung und deren Patenten erwachsen und sich der Rest der Organisation dann darauf einstellen muss. Wenn Apple vom Unterhaltungsmarkt (iPod) in den Gesundheitsmarkt (Apple Watch) wechselt (weil man dafür Produkte entwickelt hat) oder man vom Automobilunternehmen zum Softwareentwicklungsunternehmen mutiert (weil anderswo selbstfahrende Autos auftauchen), dann hat das Auswirkungen auf die Entscheidungsorientierung, die kaum zu überblicken sind und häufig massive (Kultur-) Veränderungsprojekte nach sich ziehen (müssen). Gleichzeitig ist dies auch ein Beispiel, dass alle Leitprozesse immer im Zusammenhang zu sehen sind: Der Einsatz von Ressourcen, die Gestaltung von Einfluss und Informationsflüssen, die Art der Führung und des Personals, der Umgang mit Vernetzung und Qualität, die Lernwege und -anlässe, die Gültigkeit von Regeln ebenso wie die Risikoabwägungen – also alle Leitprozesse! – werden davon beeinflusst. Daher ermöglicht es unser hier vorgestelltes organisationales Dynamikschema, als Berater oder Beraterin nicht einäugig zu werden, sondern hinreichende Komplexität in der Sicht auf Kundinnen und Kunden und die Konsequenzen eines Orientierungswechsels aufrechtzuerhalten.

2.8 Leitprozess Qualitätsfokus – schnell oder gründlich?

Praxisbeispiel für den Leitprozess Qualitätsfokus

Ein Hidden Champion des Maschinenbaus will »nahe am Kunden« und »effizient« sein. Die Geschäftsführung führt im Rahmen einer Spartenreorganisation globale Supply-Chain- und Operations-Rollen ein, die an der Schnittstelle zur regionalen Vertriebsstruktur »partnerschaftlich« kooperieren sollen, aber auf unterschiedlichen Hierarchieebenen aufgehängt sind. Dem Vertrieb ist an schnellen Angebots- und Service-Reaktionen auf Markt- und Kundenanforderungen gelegen, gleichwohl die Branche grundsätzlich durch sehr lange Entwicklungs- und Investitionszyklen charakterisiert und eher träge ist. Die Operations-Rolle hat dagegen binnenzentriert ihren Fokus auf der Optimierung der Planung und Auslastung der Produktion – kurzfristige »Sonderlocken« aus dem Vertrieb gefährden die Robustheit der Abläufe und die ambitionierten Effizienzziele. Die Stimmung ist wackelig, der strukturelle Konflikt innerhalb der Entscheidungsmatrix kann jedoch nur durch gezielte Konfliktbereitschaft situativ bearbeitet werden.

Woran bemisst sich Qualität?

Eine Organisation kommt nicht umhin, immer auch Entscheidungen im Hinblick auf die Qualität des Ergebnisses zu treffen. Hier ist der Konflikt leicht zu identifizieren: Auch wenn es immer wieder versucht wird – es ist unmöglich, ein Ziel gleichzeitig schnell und gründlich zu verfolgen. Wenn auf Time-to-Market gesetzt wird, kann nicht das gleiche fehlerfreie Produkt herauskommen wie bei einer Produktion, die sich so lange Zeit lässt, bis es perfekt ist. Die Leitfrage dieses organisationalen Prozesses ist daher: Setzt man den Qualitätsfokus auf Geschwindigkeit oder auf die Güte des Produkts?

Es ist nicht schwer, Organisationen auszumachen, die sich durch klare Positionierung ihrer Marke an einem dieser beiden Pole auszeichnen. Die einen sind die, die mit Innovationen (bisweilen unausgereift) am Markt aufschlagen, für die anderen gilt immer nur das Beste (oder nichts). Beides kann erfolgreich sein. Beides hat Schattenseiten. Beides gleichzeitig zu versuchen, geht auf Kosten beider Pole. In manchen Organisationsumwelten werden Qualitätsmängel unbarmherzig bestraft (etwa Automobilindustrie, Infrastrukturgüter, Verwaltungen, Lebensmittel), in anderen werden die bestraft, die zu spät kommen (etwa Mobiltelefone, Modebranche, Medien). So bestimmt auch die Umwelt der Organisation ganz wesentlich die Ausrichtung an diesem Leitprozess mit.

Wichtig für das Verstehen von Organisationen ist, dass Subsysteme (Bereiche, Abteilungen, Teams) ihren Qualitätsfokus oft unterschiedlich entscheiden (müssen) und damit zwangsläufig miteinander Schwierigkeiten bekommen: Während der Vertrieb das Angebot schnell beim Kunden haben möchte, liegt der Rechtsabteilung ein gründliches Studieren des Vertragswerkes am Herzen. Sachliche Qualität bzw. das, was darunter zu verstehen ist, wird so zu einem wesentlichen Stimulus für Entscheidungskonflikte und generiert zudem oft unfruchtbare Dauerkonflikte, deren Ursache aber unverstanden bleiben.

Gründlich: Wann ist es genug?

Jeder Arbeitsschritt und jede Teilleistung in einer Organisation muss sich mit der Frage beschäftigen (oder sie als schon entschieden implizit mitführen): Ist das gründlich, haltbar, tauglich, zuverlässig genug? Die Antwort auf diese Frage lässt sich nun ihrerseits unterschiedlich fokussieren: Gründlich im Hinblick auf das Produkt, den Vorgang, die Dienstleistung (»Ist es auch sauber lackiert?«) oder gründlich im Hinblick auf den externen Kunden und aber auch auf die interne Kundin, Nachbarbereiche und Schnittstellen, die mit dem Ergebnis zufrieden sein sollen (»Sieht der Käufer/die Chefin den kleinen Einschluss überhaupt?«). Daran sieht man, dass sich hier der Leitprozess Entscheidungsorientierung »einmischt«.

Egal wie – man kommt um die Frage nicht herum, und damit auch nicht um das Risiko der Einschätzung, wann es genug ist bzw. wann einem die Zeit »davonläuft«. Viele Mitarbeitende tun sich mit solchen Abwägungen sehr schwer (»Ohne hundert Mal zu überprüfen, geht bei mir nichts raus!«), weil der Bezugspunkt der Entscheidung weniger die Prämisse der Organisation ist, sondern vielmehr psychodynamische Faktoren (innere Zwänge, Angst vor Fehlern, dysfunktionale Selbstwertregulationen) das Verhalten der Mitarbeiterinnen und Mitarbeiter steuern. Oft werden diese inneren Dynamiken unterschätzt und Entscheidungsspielräume oder -kompetenzen unterstellt, die Mitarbeitende nicht haben.

Je weniger Fehler gemacht werden dürfen und je verhängnisvoller sich Mängel in der Leistung auswirken, desto mehr muss sich die Organisation mit der Frage beschäftigen, wie die notwendige Gründlichkeit sichergestellt werden kann: über Regeln und Normen (ISO), über Qualitätskontrollen und -prozesse (TQM, Six Sigma, Kaizen, KVP), über Führung, über Kommunikation, über Achtsamkeit? Und wie kann das organisiert werden, ohne dass es die Prozesse zu sehr verlangsamt? Die Fülle der Konzepte und Vorgehensweisen zeigt die Tragweite des Leitprozesses Qualitätsfokus.

Schnell: Wann braucht es Mut zur Lücke?

Der zweite Pol ist Schnelligkeit. Sie ist gegenwärtig im Trend. Neue Management- und Organisationskonzepte, die auf Geschwindigkeit setzen, gibt es viele: Scrum, agiles Projektmanagement, Lean Management u. v. a. Schnelligkeit wird im Ringen um die Bewältigung der Digitalisierung ganz leicht zur einzigen Norm. Wie groß die Gefahr dabei ist, dass damit die Leitunterscheidung Qualitätsfokus einseitig zugunsten von »schnell« aufgelöst wird, mag jede und jeder selbst entscheiden.

Schnelligkeit hat viele Anlässe: Andere im Wertstrom warten und sind in ihrer Arbeit abhängig davon, dass Fristen und Termine eingehalten werden. Keine Entscheidung in Organisationen kann sich von diesem Aspekt frei machen. In manchen Branchen ist die Geschwindigkeit so hoch, dass das Produkt im Grunde schon veraltet ist, bevor es wirklich gut funktioniert (etwa manche Software). In solchen Kontexten lässt sich gut sehen, wie sich Schnelligkeit auf andere Leitprozesse auswirkt: Die Entscheidungen werden riskanter, müssen mehr auf Vertrauen setzen, parallelisieren und entkoppeln sich dadurch, müssen auf Lernen und situationsspezifisches Handeln setzen, fokussieren sich mehr auf die externen Umwelten und tauschen Personal schneller aus. Organisationen, die ausschließlich, überall und in jeder Hinsicht schnell sein wollen oder müssen, sind in dieser Positionierung einerseits in dynamischen Umwelten hoch erfolgreich und gleichzeitig gefährdet, wenn die interne Komplexität zeitlich nicht mehr koordiniert werden kann. Das geschieht so gut wie immer bei Erfolg und dem damit einhergehenden Wachstum.

Die innere Logik unterschiedlicher Organisationsbereiche

Nimmt man nun den Leitprozess Vernetzung mit dazu, verstärken sich die Brüche und Konflikte: Jeder Entscheidungsvorgang zum Fokus Qualität muss auch darauf achten, welche Qualitätsbedarfe an den Stellen anfallen, mit denen er in der Organisation verknüpft ist. Es nutzt nichts, schnell zu sein (und damit in den eigenen Augen zu Recht zufrieden), wenn sich der interne Kollege oder die Kollegin im anderen Bereich auf Fehlerfreiheit verlassen können muss und umgekehrt. Oft ist es in Organisationen aber so, dass die eigene Logik – egal ob die von Personen, Teams oder Bereichen – unreflektiert auf andere übertragen wird. Diese ungünstige Erwartung aufzugeben, ist für das Zusammenarbeiten an »Schnittstellen« enorm wichtig. Die Prägung durch die jeweilige Eigenlogik unterschätzen Subsysteme in Organisationen besonders leicht. Missverständnisse, Enttäuschungen, gegeneinander arbeiten und wechselseitige Dominanzbestrebungen sind die Folge. Oft werden solche Konflikte nicht als Folge der Eigenlogik der jeweiligen Qualitätsprämissen verstanden, sondern die Konflikte werden personalisiert (»Die können nicht miteinander!«). Dies macht sie unlösbar und dysfunktional.

Organisationen müssen die Kompliziertheit, die mit den Qualitätsmerkmalen von Produkt oder Dienstleistung einhergeht, managen. Jede Aufgabe, jede Leistung, jeder Prozessschritt und jede Funktion hat eigene Verästelungen, Abhängigkeiten, Normen und Regeln –

eben ihre ureigene Form von Qualität. Nicht zuletzt deshalb haben sich Konzepte wie Jobrotation und das Durchlaufen unterschiedlicher Funktionen in der Karriere von Topmanagerinnen und Topmanagern so bewährt. Der Einblick in unterschiedliche Logiken des Komplizierten und in die Eigenart eines professionellen Ethos erleichtert es ungemein, in entsprechenden Leitungsfunktionen im Leitprozess Qualität Unterschiede als normal zu akzeptieren und trotzdem (oder gerade deshalb) kompetent zu handeln.

Wie konsistent sind die Beurteilungskriterien?

Ein weiterer Aspekt kommt hinzu. Um Mängel festzustellen, braucht es einen Bezugspunkt. Im Hinblick auf Qualität ist es ein »Klassiker« (des Projektmanagements), wenn die Mitarbeiterin sagt: »Alles rechtzeitig fertig geworden« – und der Chef mit »Aber ich sehe lauter Fehler!« antwortet. Oder auf »Alles ist tipptopp!« kommt die Antwort: »Ja, aber drei Tage zu spät!« Was ein Mangel ist und welche Schäden durch ihn hervorgerufen werden, hängt vom Qualitätsfokus ab und ist daher Konsequenz einer Entscheidung. Oft wird dies in Organisationen gewissermaßen vergessen. Mängel werden grundsätzlich als objektive Sachverhalte angesehen. So bleiben und wirken die unterschiedlichen Bewertungsmaßstäbe im Verborgenen. Damit können auch die Bewertungskonflikte nicht mehr günstig bearbeitet werden. Es erstaunt immer wieder, wie oft in der Beratung solcher Konflikte die Leitunterscheidung schnell/gründlich eine beträchtliche Rolle spielt. Das gilt sowohl für alltägliche Kommunikationen als auch für strategische Diskussionen über die Positionierung von Produkten, Dienstleistungen oder der Marke. Was für die einen Mängel sind, sind für andere gute Eigenschaften und umgekehrt. Da selten wirklich beides – Schnelligkeit und Gründlichkeit – optimiert werden kann, tut eine Organisation immer gut daran, zu entscheiden, welche Mängel sie eher bereit ist, in Kauf zu nehmen. Ein Verständnis dieses Gedankens ist für Führungskräfte und die Übersetzung in Visions- und Leitbildarbeit besonders entscheidend.

2.9 Leitprozess Sozialkomplexität – vertrauend oder kontrollierend?

Praxisbeispiel für den Leitprozess Sozialkomplexität

Ein großes Handelsunternehmen führt unterhalb der Konzern-IT in einer kleineren internationalen IT-Abteilung eine Scrum-Architektur ein. Der ambitionierte IT-Leiter – er genießt beim Vorstand den Status eines »jungen Wilden« – sieht darin die Chance, seinen Bereich als schlagkräftigen Businesspartner auf Augenhöhe zu etablieren und attraktiv für junge Talente zu machen – eine große Herausforderung in der gesamten Branche. Er überträgt seinen Product Owners und Development Teams maximale Verantwortung und Kundenbezug. Die Mitarbeitenden zögern zunächst, nehmen die Verantwortung mehrheitlich aber gerne an. Schwierig wird es, als Finanzvorstand und Konzern-IT im jährlichen Planungsprozess herkömmliche Budget- und Leistungsabschätzungen einfordern, die die »agile« IT-Struktur so nicht mehr liefern kann. Es beginnt ein langwieriger Aushandlungsprozess, an dessen Ende die »wilde« IT eine Übersetzung von »agiler« Budgetierung in »klassische« Planung vornimmt.

Umgang mit Unberechenbarkeit

Eine der Erscheinungsformen von Komplexität, die in Organisationen besonders anspruchsvoll in ihrer Handhabung ist, liegt auf der sozialen Ebene. Menschen und ihre Interaktionen sind unberechenbar und ihre Handlungen von vielen, oft unbekannten psychischen Motiven geleitet. Ängste, Scham, Schuld, Ehrgeiz, Anerkennungswünsche, Konflikte, Überforderung, Sympathien u. v. a. m. müssen so reguliert werden, dass verlässliche Prozesse entstehen (können). Dies kann in Organisationen auf zwei gegensätzliche Weisen geschehen: Entscheidet sich die Organisation für Vertrauen oder Kontrolle (im Umgang mit Mitteilungen)? Diese Entscheidungsvorgänge bilden den Leitprozess, den wir Sozialkomplexität genannt haben (siehe zu diesem Leitprozess ausführlich Luhmann, 2000b).

Organisationen müssen Informationen reduzieren, verdichten und bündeln, um Komplexität zu reduzieren. Dies ist zur (Selbst-)Steuerung größerer sozialer Systeme unabdingbar. Es gäbe nun die Möglichkeiten, diese vorverdichtete Information wiederum selbst zu überprüfen und zu bewerten, ob sie wirklich in Entscheidungen einfließen muss, ob sie sachgerecht ist, ob gegengesteuert werden muss etc. Das würde im Konkreten fast so viel Zeit, Sachverstand und Personal kosten wie die Generierung der Information selbst. Diese »Verdopplung« hat auch kein natürliches Ende – wer kontrolliert die Revision? Folglich wechseln Organisationen von der sachlichen auf die soziale Ebene und kontrollieren vorrangig nicht die Information, sondern den *Geber* der Information – etwa den Lieblingscontroller des Vorstands. Eben dies kann geschehen, indem man den Mitarbeiter kontrolliert oder indem man ihm vertraut – Vertrauen und Kontrolle sind somit zwei Seiten derselben Medaille (Luhmann, 2000b).

Kontrolle kann aus den gerade genannten Kapazitätsgründen nur punktuell stattfinden (Reporting, Rücksprachen, Meetings etc.). Ihr zusätzlicher Nachteil ist, dass sie das Autonomiebedürfnis von Mitarbeiterinnen und Mitarbeitern einschränkt und aus diesem Grund leicht zur Demotivation der entsprechenden Personen und Teams beiträgt. Daher *muss* entschieden werden, wo und wie viel Kontrolle sich eine Organisation leisten kann und muss.

Kontrolle ist nicht zuletzt auch notwendig, um die Kommunikation darüber zu stimulieren, ob und wie die Leistungen im einen Subsystem der Organisation zu denen anderer Subsysteme passen. Dabei geht es u. a. um Koordination von Teilleistungen, um die Verwaltung von Knappheit (Budgeteinhaltung, Kostenkontrolle), um die Überprüfung von Planfortschritten. Die berühmten »Ampeln« über den Stand von Projekten sind ein Beispiel. Je gefährlicher Abweichungen von der Kontrollnorm sind, desto mehr untergraben sich kontrollierende Entscheidungsmuster selbst, weil sich »Tarnen und Täuschen«

breitmacht. Zu starke Kontrolle wird durch Gegenkontrolle beantwortet und verfehlt dann meist ihre Funktion.

Besonders häufig zu beobachten ist, dass Kontrolle so ausgeübt wird, dass sie – unbeabsichtigt oder beabsichtigt – als Form von Misstrauen erlebt und von der Adressatin oder vom Adressaten persönlich genommen wird (»Der traut mir wohl nicht, sodass ich ständig zu Rücksprachen kommen soll!«). Das geschieht weniger leicht, wenn Kontrolle als Element des Organisierens im Unternehmen als normal und üblich wahrgenommen wird. Wenn alle kontrolliert werden, liegt es nicht an der speziellen Person! Je mehr gleichzeitig – anderswo, anderswann, anderswobei – jedem und jeder Mitarbeitenden vertrauend begegnet wird und es autonome Spielräume gibt, desto leichter wird Kontrolle akzeptiert.

Zur Funktion von Vertrauen

Durch Vertrauen kann deutlich mehr Komplexität reduziert werden. Einzelne Stellen der Organisation sind nicht mit Kommunikation überlastet, können mehr Informationen verarbeiten und vor allem schneller sein. Daher ist Vertrauen kein Akt der Humanität, sondern schlicht eine unerlässliche Variante im Umgang mit sozialer Komplexität! Nachteilig ist, dass für die Organisationen die Möglichkeiten abnehmen, ihre internen Aktivitäten zu koordinieren. Der Überblick wird zwangsläufig geringer, wie sich die Aktivitäten an einer Stelle auf andere Bereiche der Organisation auswirken. Von nicht zu unterschätzender Bedeutung ist, dass Vertrauen auf der sozialen Ebene untilgbar mit Enttäuschungsmöglichkeiten gekoppelt ist. Wer vertraut, kann enttäuscht werden und wird es in Organisationen aufgrund vielfältiger Interessenlagen und Konflikte auch (immer mal wieder). Vertrauen verwandelt somit Risiko in Gefahr. Sollen die Beziehungen in Organisationen also nicht zu sehr leiden, braucht es Vorkehrungen, die auf der personalen Ebene eine Begrenzung der Enttäuschungsquote gewährleisten, die vertrauende Vorgehensweisen mit sich bringen. Systeme ganz ohne Kontrolle werden in der Regel übermäßig enttäuscht und fallen dann oft ins kontrollierende Gegenteil (was es nicht besser macht). Man kennt dafür Beispiele.

Vertrauen bedeutet in komplexen Kontexten dreierlei:

► Viel- und Mehrdeutigkeit ist eines der Hauptmerkmale von Komplexität. Wenn dem so ist, gibt es immer mehr als eine richtige Lösung und nicht eine, die mit Eindeutigkeit (= Kontrolle) endet. Vertrauen braucht man, weil nicht klärbar ist, welche Meinung zählt und welche Information entscheidend ist.

► Komplexität macht es wahrscheinlich, dass die Zukunft sich von der Gegenwart unterscheidet. Vertrauen ist mit der Bereitschaft verbunden, dass jeder und jede (unabhängig voneinander) auf unbekannte, neue Ereignisse eine Antwort finden darf, die alle mittragen wollen. Vertrauen wird dadurch zu einer wesentlichen Kompetenz der Organisation im Umgang mit der offenen Zukunft.

► Komplexität geht immer einher mit Mangel an Information und braucht daher die Fähigkeit, auch unter solchen Bedingungen entscheiden zu können. Wer mit unzureichenden Informationen handeln muss, wird unerwartete Ergebnisse (= Fehler, Abweichungen) produzieren, weil er nicht weiß, was nützlich oder gut ist. Er ist also darauf angewiesen, dass andere dies nicht als Absicht auslegen, sondern in gemeinsame Zielsetzungen vertrauen.

Vertrauende Entscheidungen sind demnach das leistungsfähigste Vorgehen bei hoher Komplexität (Luhmann, 2000b, S. 27 ff.). Sie sind insbesondere aber auch dann sinnvoll, wenn

► ungünstige Zukunftsentwicklungen möglich sind, aber nicht ausgeschlossen werden können,
► es schnell gehen muss,
► das Sich-frei-Fühlen und das Frei-Handeln anderer nötig ist, damit diese die gestellte Aufgabe bewältigen können, und
► Kontrolle zu aufwendig wäre.

Also nur Vertrauen? Nein, denn wo immer eine Organisation vertrau-end operiert, braucht es (auch) eine Kontrolle dieses Vertrauens (Luhmann, 2000b, S. 35 ff.). Anderenfalls wird Vertrauen blind: Bei denen, in die das Vertrauen investiert wird, wäre es risikolos, es zu nutzen oder zu missbrauchen (man stelle sich vor, es gäbe nie Geschwindig-keitskontrollen, Dopingtests oder Steuerprüfungen …). So kommt der Form, in der das Vertrauensrisiko kontrollierend bearbeitet wird, große Bedeutung zu. Jede mögliche Form – Stichproben, turnusmä-ßige Reviews, unangekündigte Überprüfungen, soziale Überwachung, Whistleblowing-Stellen (um nur einige Varianten zu nennen) – birgt Folgeprobleme. Leider beschäftigen sich viele Organisationen nicht explizit und reflektiert damit, welches Vertrauen und welche Form der Kontrolle desselben zur Organisation, dem betroffenen Prozess und den beteiligten Personen passen. Gerade letzteres ist bedeutsam, da Personen sehr unterschiedlich auf Vertrauenskontrollen (konstruk-tiv wie destruktiv) reagieren und Entscheidungen hier mit Bedacht getroffen werden sollten.

Vertrauen in Funktionen und Bereiche

Organisationen – aber nicht nur diese – sind darauf angewiesen, dass sie nicht nur Personen, sondern auch Funktionen und Fachbereichen vertrauen. Wenn der Einkauf üblicherweise sagen würde: »Lieber Controller, wir möchten erst einmal prüfen, ob Sie überhaupt kompe-tent sind!«, würde die Organisation zusammenbrechen. Da man aber davon ausgeht, dass die Rechnungen vom Controller funktionieren, spart man sich eine eigene Kontrolle (was ohne eigenes Fachwissen ohnehin recht aufwendig wäre) und vertraut in die etablierten Me-chanismen in der Organisation.

Für Organisationen hängt daher viel davon ab, welchen »Ruf« die internen Kontrollstellen haben. Je besser diese beleumundet sind, desto leichter kann im Rest der Organisation die jeweilige Komplexität mit Vertrauen bearbeitet werden. Je manipulierbarer interne Kontrollstellen sind (Bestechung, Vetternwirtschaft, Gefälligkeitskultur), desto mehr breiten sich Misstrauen und Absicherungsaktivitäten aus. Dies hat meist einen direkten negativen Einfluss auf die Effektivität der Organisation.

Luhmann (2000b) beschreibt sehr genau, dass sich Organisationen nicht über persönliches Vertrauen, also Vertrauen zwischen Personen, bilden können (S. 60 ff.). Das funktioniert in Teams und Familien, darum sind dort Vertrauenseinbußen auch besonders auswirkungsreich. Nicht zuletzt wegen dieses Punktes unterscheiden sich Organisationen und Teams bzw. kleine Unternehmen so stark voneinander – hier wirken Loyalitätsbande, eine Form von Vertrauen, besonders stark. Aus dem gleichen Grund sind daher alle Konzepte für Organisationen, die auf personengebundenem Vertrauen basieren (und meist Teamstrukturen auf Organisationen übertragen wollen), aus dieser Sicht dysfunktional. In Organisationen müssen die Mitglieder ihr Vertrauen in das System »Organisation« investieren: also in die Lohnbuchhaltung und nicht in die jeweilige Lohnbuchhalterin! Dieses Vertrauen kann natürlich durch Fehlverhalten der Lohnbuchhalterin (auch nachhaltig) erschüttert werden, aber es ist nicht ursächlich an ihr Verhalten gebunden.

Vertrauen in Systeme (siehe dazu Luhmann, 2000b, S. 60 ff.) ist eine relativ junge Errungenschaft der Gesellschaft und ermöglicht sehr viel Komplexität. Sie setzt aufseiten der Personen allerdings eine Leistung voraus, die nicht selbstverständlich ist. Zwischen Personen entsteht Vertrauensbereitschaft durch Affekte wie Zuneigung, Sympathie oder Misstrauen bei Ablehnung und Antipathie, das dann üblicherweise auch zeitlich sehr stabil ist (»Dem vertraue ich nie wieder!«). Vertrauen in Systeme zu setzen, für die man nichts empfinden kann, braucht dadurch eine kulturelle »Ausbildung«, die bisweilen etwas arglos und vorschnell vorausgesetzt wird.

Die Wichtigkeit von Misstrauen

Dies führt zu einem weiteren Punkt, der häufig übersehen wird. Misstrauen ist nicht schlecht, wiewohl das manche denken. Was ist die Funktion von Misstrauen (Luhmann, 2000b, S. 92 ff.)? Misstrauen reduziert – genauso wie Vertrauen – Komplexität und hat daher die gleiche Funktion! Wer misstraut, weiß, wie er dran ist und was zu tun ist. Er muss allerdings bereit sein zur Dauerbeobachtung und zum Konflikt, er braucht Alternativen oder muss sich damit abfinden, dass der oder die andere anders handelt als vereinbart. Wer misstraut, verbraucht Ressourcen. Das ist aufwendig, sodass kein Mensch und keine Organisation nur mit Misstrauen operieren kann. Beide wären nicht überlebensfähig (im psychischen Bereich nennt man dies paranoiden Wahn). Es muss Bereiche in der Umwelt geben, die nicht auf Gefährlichkeit überwacht werden müssen. Andererseits braucht jedes System eine Begrenzung dessen, was es an Enttäuschung verarbeiten kann. Darum braucht es in Organisationen Misstrauen. Es kommt somit darauf an, dass Kontrolle genutzt werden kann, ohne dass dies von den Betroffenen als Ausdruck von Misstrauen persönlich genommen wird.

Hyperstabile Musterbildung

Zu allen Leitprozessen bilden sich Muster aus, um die jeweiligen Systeme zu entlasten. Im Hinblick auf Vertrauen und Kontrolle imponiert, dass sich speziell dieses Muster häufig besonders schnell und besonders stabil bildet. Vertrauen ruft Vertrauen, Kontrolle ruft Gegenkontrolle hervor. Letzteres hat Luhmann (2016) so formuliert: Überwachung der Mitarbeiter (durch den Chef) wird mit Unterwachung des Vorgesetzten (durch die Mitarbeiter) beantwortet (S. 90 ff.). Und man ahnt es, die Unterwachenden sitzen oft am längeren Hebel, weil sie den Vorgesetzten mit Entscheidungen so überlasten können, dass er freiwillig weniger kontrolliert, oder weil sie ihn so mit Informationen überladen oder mit Teilinformationen irreführen, dass die

Kontrolle ins Leere läuft. Ist erst einmal Misstrauen im System, lässt es sich nicht mehr so einfach auf Vertrauen umstellen (»Wer einmal lügt, dem glaubt man nicht, und wenn er auch die Wahrheit spricht!«). Umgekehrt macht das Verleihen von Vertrauen (in Organisationen) die Beantwortung mit Gegenvertrauen wahrscheinlicher. Beide Seiten entlasten sich und bestärken sich in ihren Vorgehensweisen. Der Vertrauenskreislauf stabilisiert sich auch, weil niemand gerne zugeben möchte, dass er sich mit seiner Vertrauensbereitschaft geirrt hat. So werden Störungen im Vertrauensfeld meist längere Zeit ausgefiltert. Vertrauensbrüche sind deswegen in Organisationen kein »privates« Beziehungsproblem, sondern ein organisational relevantes Phänomen, das so gut wie immer weitreichende Folgen hat.

An den Polaritäten dieses Leitprozesses kann man besonders gut studieren, wie dysfunktional und unrealistisch es ist, einseitig einen der beiden Pole heiligzusprechen (Sprenger, 2002). Genau das wird aber in den allermeisten Leitbildern probiert. Für eine integrative Theorie ist es unerlässlich, die Funktion und den potenziellen Wert von Vertrauen wie von Kontrolle im Blick zu behalten. Nur so können Beraterinnen und Berater die Organisation vorurteilsfrei beschreiben und damit auf vorschnelle vermeintliche Lösungen verzichten.

2.10 Leitprozess Entscheider[2] – beteiligend oder ausschließend?

Praxisbeispiel für den Leitprozess Entscheider

Der Gründer eines globalen Maschinenbauunternehmens zieht sich weitgehend in das Aufsichtsorgan zurück, institutionalisiert eine dreiköpfige, divisionale Geschäftsführung, bleibt aber im Tagesgeschäft, vor allem der Produktentwick-

---

2 An dieser Stelle haben wir uns bewusst dafür entschieden, die männliche Form beizubehalten, da der »Leitprozess Entscheider« auch in allen anderen unserer Schulungen und Veröffentlichungen so bezeichnet wird.

lung, präsent. Der Geschäftsführer des traditionellen Kerngeschäfts etabliert nach einigen Jahren eine interne Projektgruppe mit dem Ziel, Vorschläge zur strategieunterstützenden Reorganisation auszuarbeiten. Die zunächst Headquarter-lastige, deutschsprachige Arbeitsgruppe entwickelt verschiedene Vorschläge. Es wird dabei deutlich, dass weitere, alteingesessene und »schwierige« Akteurinnen und Akteure der internationalen (Vertriebs-)Struktur in das Projekt eingebunden werden müssen. Im Hintergrund schlagen die Vorschläge hohe Wellen, sodass der Gründer letztlich beschließt, als fester Bestandteil des Projektes selbst mitagieren zu wollen. Ein kurzer Versuch, das Projekt neu aufzusetzen, scheitert – der Glaube an Veränderbarkeit und Mitwirkung ist dahin; Geschäftsführer und Mitarbeitende ziehen sich frustriert zurück, U-Boot-Projekte und die innere Kündigung wesentlicher Mitarbeiter und Mitarbeiterinnen sind die Folge.

Der Zwang zur Selektivität

Wenn alle über alles entscheiden wollten, könnte es Organisationen nur in Gruppengröße geben. Organisationen können diese soziale (!) Komplexität aber nicht bewältigen, wenn sie nicht Muster ausbilden, die für einige Personen spezifische Entscheidungsrechte und -pflichten festlegen und gleichzeitig andere von diesen Entscheidungen ausschließen. Die organisationsdynamische Frage ist: Welche Mitglieder der Organisation treffen eine (bestimmte) Entscheidung und welche müssen die Entscheidung hinnehmen? Diesen Leitprozess nennen wir »Entscheider«.

Die Strukturen dieses Leitprozesses bilden sich zum einen auf der Ebene der *formalen* Organisation ab: Hierarchie, »Circles«, Organigramme, dauerhafte Entscheidungsrechte von Rollen und Funktionen (etwa Prokura), vorübergehende Entscheidungsrechte von Projektteams oder New-Work-Methodiken (beispielhaft siehe etwa Große u. Tillmanns-Estorf, 2018), Meetingstrukturen, Budgetrechte, Zielvorgaben, Berichts- und Kommunikationswege u. v. m. In allen Organisationen ist geregelt, wer wann mit wem worüber *offiziell* redet, reden oder nicht reden darf. Es würde erstaunen, wenn der Pförtner einfach mal so in der Vorstandssitzung Platz nimmt. Kommunikationswege – so der Begriff Luhmanns (2000a, S. 316 ff.) – sind also das, was in Organisationen Hierarchie, Meetings, Abteilungen, Gremien, Berichtslinien etc. genannt wird. Warum hat man das erfunden? Wenn alle bei allem mitreden würden (so wie es in manchen Start-ups und Leitungsteams mit Gruppenstruktur praktiziert wird), würde dies die Leistungsfähigkeit der Organisation deutlich einschränken. Durch Begrenzung entstehen Möglichkeiten. Daher entwickeln sich in jeder Organisationsdynamik Festlegungen für Entscheidungsrechte, die sich in Positionstiteln, Funktionsbeschreibungen und Organigramm genauso abbilden lassen wie in Prozess- und Wertstrombeschreibungen (Miebach, 2009), Flussdiagrammen, Scrum-Logiken und agilen Strukturen (Große u. Tillmanns-Estorf, 2018). Wer Einfluss auf Problemdefinition, Ressourcenverwendung, Personalauswahl und Legitimation von Interessen hat, kann sich in die Position des Risikonehmers, der Risikonehmerin (siehe Leitprozess Zukunftsbehandlung) bringen. Ein solcher Einfluss basiert auf sachlicher Autorität, sozialer Führungsakzeptanz oder formaler Macht über mögliche zukünftige Folgen (Luhmann, 2012a, 2012b). »Entscheider« und »Entscheiderinnen« in Organisationen zeichnen sich durch diese drei Formen von Einfluss aus. Es ist daher ein untilgbarer Bestandteil organisationaler Dynamik, dass ein Ringen darum, beteiligt zu werden versus die Beteiligung anderer auszuschließen, stattfindet. Die vielfältigen Diskussionen über Probleme der Hierarchie, Versuche demokratischer Organisationsstrukturen, der Hang zu ständigen Umstrukturierungen oder Doppel- und Dreifach-Matrix-Strukturen belegen dieses Ringen um einen (und die Vergeblichkeit eines) »one best way«.

Informelle Wege

Keine Organisation kann ihre Kommunikation ausschließlich über formale Entscheidungswege regeln. So finden sich in jeder Organisation eben auch »ungeschriebene« Wege der Kommunikation: wann man jemanden in der Tiefgarage abpassen kann, was man gut über den Assistenten einsteuert, worüber man besser mal bei einem gemeinsamen Bier spricht u. Ä.m. Das Wissen um gelingende Informalität kann sich auch auf bestimmte Personen bzw. Gruppen beziehen: Der »Alte«, der immer gefragt werden muss, Beiräte, die nicht übergangen werden dürfen, externe Familienmitglieder in Familienunternehmen, die ins Boot geholt werden wollen, mächtige Bereichsleiter, die überall mitspielen, Betriebsräte, an denen man nicht »vorbeikommt« etc.

Für das Verständnis einer Organisation muss man immer auch die Frage stellen, wie mit informellen Entscheidungen umgegangen wird bzw. wie diese in und außerhalb der Organisation beobachtet und bewertet werden. Es gibt für informelle Entscheidungen viele Namen und viele Formen: Günstlings-, Zöglings- und Vetternwirtschaft, Seilschaften, Bestechung, Zuwendungen, Erpressung, Patronage, (Neben-)Absprachen, Preiskartelle, Hinterzimmertreffen, Vorabsprachen, politischer Dialog, Kuhhandel, Unter-der-Hand-Abmachungen – nur um einiges zu nennen. Ob man manches davon dann Korruption oder politische Geschicklichkeit nennt, ob man es normal findet, dass der Studienfreund der Chefin den Auftrag bekommt, oder ob dies einen Skandal auslöst – das ist zeit-, kultur- und normabhängig. Eine wichtige Differenzierung besteht an der Stelle darin, ob der informelle Einfluss von innerhalb oder außerhalb der Organisation erfolgt. Es macht einen Unterschied, ob es sich um externe Interessen – etwa Interessen von Eigentümerfamilien, Politik, Behördenvertretern, Mafia, Shareholdern etc. – oder interne Interessen – etwa anderer Abteilungen, der Hierarchie oder der Arbeitnehmervertretung – handelt.

Allein an den Auflistungen kann man schon erkennen, dass eine vollkommen transparente und formalisierte Organisation, die keine Spielräume hätte, informell Entscheidungen zu treffen, nicht existenzfähig wäre. Gleichzeitig ist aber auch erkennbar, dass, wenn es keine öffentliche Beobachtung und damit Aufdeckungsgefahr gäbe, die formale Seite der Organisation zum Erliegen kommen könnte.

Somit ist auch dieses Phänomen nicht objektiv normierbar, sondern braucht kluge Entscheidungen.

Das Bisherige zusammengefasst, lässt sich sagen: Wenn alle über alles entscheiden würden, wäre zu wenig Komplexität reduziert! Daher gibt sich jede Organisation eine formale wie informelle Entscheidungsstruktur, die bestimmt, *wer* wann was entscheidet. Diese Struktur geht Hand in Hand mit den Prozessen, *wo* was gemacht wird (siehe Leitprozess Vernetzung). Bei Beratungsprojekten zu Reorganisationen muss daher immer beides – formal und informell – beachtet werden: in der Sachdimension die Arbeitsabläufe und -strukturen und in der Sozialdimension die Entscheiderabläufe und -strukturen.

Interessenlagen und Sachverstand

Wer an Entscheidungen beteiligt wird, ist nicht nur eine Frage, wer dazu *sachlich* beitragen kann. Das ist bisweilen quasi das »natürliche« Kriterium: »Was macht denn der hier, der versteht doch gar nichts von der Sache!« Genauso wichtig ist es aber, wessen Interessen durch die jeweiligen Entscheidungen berührt sind bzw. welche Interessen, nicht welcher Sachverstand, einfließen müssen. Oft will »man« das nicht, weil Vertreterinnen und Vertreter anderer Bereiche als »Spione«, als »Störerinnen« gesehen werden, die die Sache nur verkomplizieren. Dabei ist wichtig im Auge zu behalten, dass man in Organisationen nur entscheiden kann, *wo,* aber nicht *ob* die strukturellen Konflikte entlang unserer Leitprozesse ausgetragen werden! Wer die einen beteiligt, muss andere ausschließen. In Organisationen ist es für Mitglieder immer eine Entlastung, wenn sie sich um etwas nicht kümmern müssen, weil es Zeit lässt für die eigenen Belange. Auch ist es entlastend, wenn andere sich nicht ins Eigene einmischen dürfen und man sie berechtigt übergehen kann. Andererseits ist jeder Ausschluss auch Belastung, wenn man sich um etwas nicht kümmern darf, das für die eigene Aufgabe, für die eigene Zielerreichung wichtig wäre. Es ist auch belastend, wenn andere einen nicht einbeziehen, wo das für die eigenen Interessen wichtig wäre. Hier ist eine besonders starke Koppelung zwischen Organisations-, Team- und Psychodynamik zu markieren.

Angesichts dieser doppelten Doppelung von Für und Wider des Beteiligtwerdens überrascht es nicht, dass sehr viel Kommunikation über offizielle und inoffizielle Einflussnahmen bzw. Einflussrechte in Organisationen zu beobachten ist. Natürlich gibt es auch die, die froh sind, ungestört von »Politik« und »Meetings« im stillen Kämmerlein einfach ihre Arbeit machen zu können. Doch Aufgaben, die so abzuarbeiten sind, werden immer weniger. Alles ist immer mehr sachlich vernetzt.

Wer sich aus Entscheidungsprozessen ausschließen lässt oder ausgeschlossen ist, kann und muss dies mit Vertrauen in diejenigen kompensieren, die die eigenen Interessen vertreten können (siehe die Leitprozesse Sozialkomplexität und Zukunftsbehandlung). Die Organisation wiederum muss vertrauen, dass diejenigen, die sie aus Entscheidungsprozessen ausschließt, ihre (Rollen-)Interessen und fachlichen Informationen über offizielle und inoffizielle Kanäle »einspeisen«! Der selbst initiierte Informations- und Mitteilungsfluss der Ausgeschlossenen von unten nach oben und von hier nach dort muss die Kommunikation unter Beteiligten ergänzen, sonst bekommt fast jede Organisation Probleme.

Welche Rolle spielen »die Entscheider«?

Wenn alle wüssten, was für das vorliegende Problem die Lösung ist, dann bräuchte es keine Entscheidung, keine Kommunikation und auch keine Hierarchie. Kommunikation zu der Frage, wer entscheiden soll, kommt nur deshalb zustande, weil es in Organisationen *unterschiedliche* Interessenlagen und Problemdefinitionen gibt, die mit unterschiedlichen Entscheidungsvorlieben einhergehen. Es braucht nur dann Entscheidungen, wenn etwas weder feststeht ($2 \times 2 = 4$) noch unmöglich ist (»Baut in einer Stunde ein Wohnhaus!«). In einem rational-funktionalen Konzept von Organisationen haben hierarchische Positionen primär Sachverstand: Hierarchen sind die Experten, die die beste Entscheidung kennen. Darum werden mit einem solchen Verständnis auch bevorzugt die besten Fachleute befördert. Sieht man Organisationen nicht ausschließlich als Problembearbeitungs-, sondern als umfassende Konfliktsysteme in komplexen Umwelten, dann ist klar, dass die Interessenlagen unterschiedlicher Bereiche der Organisation in den Entscheidungsstrukturen immer mit abgebildet werden. Das wichtigste Interesse einer Organisation in komplexen Umwelten mit vielen möglichen Lösungen ist es aber, dass es überhaupt zu Entscheidungen kommt. Die Gefahr einer inneren Lähmung durch das Nichtzustandekommen von Entscheidungen ist nicht unerheblich. Sie lässt sich in organisationalen Kontexten mit wenig hierarchisch abgesicherter Durchgriffsmacht (große Familienräte, Genossenschaften, Parteien, Vereine, kollegial geführte Unternehmen …) immer wieder studieren. Eine Hauptfunktion von Hierarchie könnte man so auch darin sehen, für das Zustandekommen von Entscheidungen zu sorgen (ausführlicher dazu Simon, 2007, S. 92 ff.).

Eine (auch nur vorübergehende) hierarchische Rolle (einer Person oder Gruppe) beinhaltet organisationstheoretisch für die Rollenträger und -trägerinnen die Zumutung, als Person oder Gruppe angesehen zu werden, die entscheidet – und damit *immer* auch Interessen verletzen muss. Wer eine solche Rolle hat, sollte das wissen und vor Augen haben. Zudem ist *jede* Person mit *organisationalen* Entscheidungen überfordert. Niemand kann überblicken, was in »seine« oder »ihre« Entscheidung wirklich alles an Informationen und Motiven einfließt (und was nicht), was andere anderswo im gleichen Moment entscheiden und welche Auswirkungen dies auf die eigenen Entscheidungen hat. Trotzdem wird meist »so getan«, als könne ein Entscheider oder eine Entscheiderin wissen, was er bzw. sie entscheidet. Vollständige Transparenz von Entscheidungen scheitert am begrenzten – organisationalen wie menschlichen – Aufnahme- und Gedächtnisvermögen für Informationen, an zu wenig Zeit, an der Gleichzeitigkeit der Ereignisse, am Unbewussten der beteiligten Entscheiderinnen und Entscheider.

Umgekehrt brauchen Organisationen aber Adressen für die Diskussion über getroffene Entscheidungen. Würde »es« sich einfach entscheiden, so gäbe es keine Chance, die Entscheidung zu diskutieren – mit wem? So stehen Entscheider und Entscheiderinnen als »Zustelladresse« für die Folgen von Entscheidungen zur Verfügung. Man kann sie »verantwortlich machen«, wie es so schön heißt. Ein großer Nachteil dieses Kommunikationsschemas ist, dass es das Zustandekommen riskanter Entscheidungen erschwert. Je größer die Gefahr ist, für zukünftige, schlechte Folgen gegenwärtiger Entscheidungen »angeklagt« zu werden, desto wahrscheinlicher ist es, dass schwierige Entscheidungen gar nicht getroffen, geschoben oder so gefällt werden, dass nicht auffällt, wer sie getroffen hat.

Die Entlastungsfunktion von Entscheidungsgremien

Das ist einer der Gründe, warum sich in Organisationen Entscheidungsgremien bilden. Sie eignen sich sowohl dafür, dass Organisationen wissen, wo Entscheidungen getroffen wurden, als auch dafür, die Folgen von Entscheidungen so zuzuordnen, dass *einzelne* Personen als Entscheider oder Entscheiderinnen nicht durch die Suche nach »Schuldigen« überlastet werden – das Entscheidungsrisiko wird »sozialisiert«. Insbesondere können in Gremien unterschiedliche Standpunkte, Interessen, Kenntnisse, Einschätzungen von Risiken und Verteilungen von Gefahren in Entscheidungen einfließen. Alle diese »Fähigkeiten« prädestinieren den Kommunikationsweg »Gremium«, komplexe Fragen und deren inhärente Unsicherheiten zu bearbeiten. Die Vorteile implizieren die korrespondierenden und oft beklagten Nachteile: Langsamkeit, mikropolitische Einflussnahmen im Vorfeld, »Verstecken« einzelner Personen hinter dem Gremium, falsche Kompromisse, Einigung auf ungefährliche Maßnahmen, Kuhhandel unter Gremienmitgliedern, Entscheidungen zulasten derer, die nicht im Gremium vertreten sind, u. a. m. Sowohl die Akzeptanz von Gremienentscheidungen als auch die Qualität der Entscheidungen hängen nicht zuletzt an einer aufmerksamen Beobachtung der oben genannten Nachteile, um ggf. gegensteuern und situationsgerecht kommunizieren zu können. Gremien werden oft taub, selbstgefällig und eingefahren, wenn sie ihre Schattenseiten nicht reflektieren.

Einfluss nehmen und verlieren können

Hierarchisch gestaltete Organisationen neigen dazu – nachdem Macht und Ohnmacht zunächst im Leitprozess Entscheider verteilt sind –, den mächtigen Entscheiderinnen und Entscheidern auch die Wahrheit zuzuordnen. Organisationen entwickeln daher Wege (und müssen dies auch), um intensiv um Entscheidungen zu ringen und nicht grundsätzlich schnell und kommentarlos das zu tun, was die Hierarchie für richtig hält. Dies ist ein wichtiger und notwendiger Prozess. Oft entstehen aber auch aus sachlichen Entscheidungsproblemen ungünstige soziale Lagerbildungen. Die unterschiedlichen Lager identifizieren sich mit ihren jeweiligen Ansichten und stabilisieren sich so im Konflikt. Solche Lagerkämpfe lassen sich meist nicht so einfach durch Sachentscheidungen der Hierarchie wieder auflösen, da der oder die jeweilige Vorgesetzte von der unterlegenen Partei als Anhänger bzw. Anhängerin der Gewinnerpartei zugerechnet und somit Teil des Konflikts wird. Organisationen brauchen folglich aufseiten ihrer Mitglieder die Fähigkeit, sich von »Richtigkeiten« zu lösen, und aufseiten der Entscheider und Entscheiderinnen die Fähigkeit, einen umsichtigen Umgang mit »Verlierern« zu pflegen.

Damit kommt – vielleicht überraschend – der Fähigkeit, »verlieren zu können«, in Organisationen enorme Bedeutung zu. Ein Aspekt dieser Fähigkeit lässt sich auf Englisch so beschreiben: »I disagree and commit!« Es ist in Entscheidungsgremien sehr wichtig, dass unterschiedliche Meinungen ausgedrückt werden. Anderenfalls ist der Alternativenraum zu klein bzw. ist damit zu rechnen, dass eine Abweichung von der vorherrschenden Meinung unterdrückt wird – das macht die Organisation teilblind. Wenn nun aber alle für ihre Entscheidungsalternative eintreten, dann können am Ende nicht alle »gewinnen«! Trotzdem braucht die Organisation Einigkeit, also Akzeptanz für die am Ende gewählte Alternative. Aus diesem Grund müssen sich Managerinnen und Manager im Falle einer »Niederlage« mit der vielleicht als falsch oder schlecht angesehenen (= I disagree) Entscheidungsvariante trotzdem identifizieren (= and commit). Das ist nicht so einfach, weil zwei Inkonsistenzen hinzunehmen sind: *innerlich,* weil man sich etwas aneignen soll, das man bekämpft hat. *Äußerlich,* weil möglicherweise bekannt war, dass man dagegen war, und nun im Umfeld als »Umfaller« resp. »Umfallerin« oder als »durchsetzungsschwach« angesehen wird. Auch wird es nicht leichter, bei den eigenen Leuten Akzeptanz für eine Entscheidung einzuwerben, wenn man selbst dagegen war. Doch ohne sich hinter einer Alternative zu vereinen, kann eine Organisation (oder ein Team) nicht die notwendige Koordination ihrer (seiner) Aktivitäten herstellen.

Informelle Hintergrundprozesse

Eine letzte hier aufgeführte – schlecht beleumundete, aber wichtige – Variante, den Leitprozess Entscheider zu gestalten, findet sich ebenfalls in (fast) allen Organisationen: sogenannte *Hinterzimmerentscheidungen.* Darunter werden hier Treffen von entscheidungsrelevanten Personen *jenseits* offizieller Gremien verstanden. Was ist die organisationsdynamische Erklärung für dieses Phänomen (siehe dazu auch Leitprozess Gegenwartsbehandlung)?

Kein Entscheidungsprozess lässt sich so perfekt gestalten und festlegen, dass er für alle Fälle gilt, dass er keine Ermessensspielräume zulassen würde, dass er dem speziellen Fall vollkommen gerecht wird, dass er alle Interessen vollkommen berücksichtigt. Es braucht also »Spielräume«. Diese werden – durchaus auch zum Schutz der offiziellen Prozesse – dann eben in Hinterzimmern ausgemacht. »Hinterzimmer« eignen sich gut dafür,

- zu ermitteln, wo Schmerzgrenzen für Kompromissbildungen sind, die nicht sofort mit dem Gesichtsverlust von Beteiligten einhergehen drohen,
- auszuloten, wie mächtige Positionsinhaberinnen und -inhaber denken, wohin sie tendieren,
- Gelegenheit zu geben, sich als Unterstützung von Mächtigen hervorzutun,
- Koalitionen zu schmieden, die – wären sie bekannt – die Akzeptanz der Entscheidung unterminieren würden,
- sich abzusichern, damit man in den offiziellen Prozessen weniger mit Unvorhersehbarem rechnen muss,
- zukünftige »Gegengeschäfte« abzusprechen, um eine Entscheidung überhaupt erst zu ermöglichen,
- Gegenleistungen abzusichern, die offiziell nicht durchsetzbar wären,
- Einflussnahmen, die aus der Umwelt der Organisation kommen, eine Wirkstätte zu verschaffen.

All diese Funktionen können vollkommen unterschiedlich in der Organisation (und außerhalb) bewertet werden. Sie können Erleichterung (»Sie haben eine Lösung gefunden!«) wie Empörung (»Alles reine Schacherei, die Abstimmung ist eine Farce!«) hervorrufen. Organisationsdynamisch steht zu vermuten, dass ohne informelle Entscheidungsstrukturen große Organisationen Entscheidungen mit komplizierten Interessenlagen nicht fällen können.

In Summe lässt sich an den hier skizzierten Phänomenen – im Kontext Mitglieder der Organisation an Entscheidungen beteiligen und ausschließen – sehr gut verstehen, dass eine Theorie Inkonsistenzen, Widersprüchlichkeiten und Fallen der Entscheidungsfindung nicht in einer vereinfachenden Best Practice auflösen kann und darf. Es braucht für alle diese Phänomene zunächst ein Verständnis ihrer Funktion, bevor man entscheiden kann, ob sie sich günstig oder ungünstig auswirken.

2.11 Leitprozess Personal – passend oder unpassend?

Praxisbeispiel für den Leitprozess Personal

Ein großer Konzern aus der Tourismusbranche pflegt einen ganzen Flur mit ehemals hochkarätigen Führungskräften, die man aufgrund von Altverträgen nicht kündigen, für die man aber auch keine sinnvolle Verwendung mehr finden kann. Der Flur ist als »Leichenhalle« konzernweit bekannt und es wird mit Argusaugen beobachtet, wie sich die Organisation mit spezifischer Unpassung arrangiert und zu welchen organisationalen (Entkoppelungsdefizit) und psychischen (Bore-out-)Problemen das führt. Umgekehrt lässt sich die Frage nach der Funktion, dem Sinn des Handelns deutlich herausarbeiten, z. B. kann das Unternehmen Sozialverträglichkeit suggerieren und sich der Mitarbeitenden ökonomisch »sicher« fühlen. Wie bei allen Leitprozessen geht es also um das (dys-)funktionale Prozessieren von Entscheidungen innerhalb der Organisation: Wo wird (Nicht-)Passung in der Organisation (un-)günstig gelebt und welche (Un-)Freiheit entsteht daraus?

Welche Rolle spielt der Mensch in Organisationen?

Systemtheoretischen Organisationstheorien wird bisweilen vorgeworfen, dass sie den Menschen nicht angemessen berücksichtigen würden. Der Vorwurf gründet sich auf die Aussage, dass Menschen als Umwelt der Organisation aufgefasst werden und Organisationen aus Kommunikation bestehen (siehe Luhmann, 2000a, S. 59 ff.). Nun wird etwas nicht unwichtiger, weil es in der Umwelt verortet wird. Sauerstoff in der Umwelt von Säugetieren ist sogar essenziell und gehört trotzdem nicht zum Organismus, sondern trägt »nur« zu seinem Überleben bei. Zum anderen jedoch erscheint es nachgerade human, wenn Menschen kein »Bestandteil« von Organisationen sind. Wir schließen uns hier Luhmanns (2000a) Konzept an, der Mitgliedschaft und Personal als passende Begriffe ansieht, um die Bedeutung von Menschen für Organisationen angemessen zu fassen. Organisationen suchen Personal (S. 279 ff.). Damit aus Menschen »Personen in Organisationen« werden, müssen sie Mitglieder in dieser werden. Mitgliedschaft koppelt also Menschen mit Organisationen. Diese suchen Ingenieure oder Juristinnen oder Hausmeister, nicht Menschen!

Ist man Mitglied geworden, wird man auf eine »Stelle« gesetzt, die mit spezifischen Aufgaben und damit Erwartungen verknüpft ist. Um diese Aufgaben und Erwartungen zu erfüllen, braucht man (meist) bestimmte Kompetenzen. Folglich beobachtet eine Organisation ständig die Passung von Person und Stelle/Rolle. Sie muss die Entscheidung treffen, ob (weiterhin) eine Passung gegeben ist oder eine Person für die Stelle unpassend (geworden) ist. Die Leitfrage ist also: Passt eine Person hinreichend zu den mit ihrer Stelle/Rolle verknüpften Erwartungen oder muss sie als unpassend gekündigt, versetzt, geschult, anders eingesetzt oder befördert werden?

Während in team- und familienorientierten Unternehmen oft nach Freundschaft/Verwandtschaft, persönlicher Kenntnis, Vertrauensverhältnis oder auch dem »persönlichen Eindruck« von Schlüsselpersonen entschieden wird, wer eingestellt, befördert oder ausgestellt wird, entwickeln die meisten Organisationen sehr umfassende, offizielle Prozesse, die sich mit Personalfragen beschäftigen: Assessments, Audits, Einstellungsverfahren, Zielerreichungsgespräche, Entwicklungsgespräche, Talent Management, Personalschulungen und -entwicklung u. v. a. m. Es gibt aber auch Fälle, in denen nur in Ausnahmen, z. B. bei rechtlichen Vergehen, eine Mitgliedschaft beendet und ansonsten das Thema einem Schema (z. B. Regelbeförderung, Zugehörigkeitszeit) überlassen wird (siehe Leitprozess Sozialkomplexität).

Die Zumutung der Organisation

Die Mitgliedschaft in einer Organisation beinhaltet demnach allermeist die Zumutung, kontinuierlich als Person daraufhin beobachtet zu werden, ob man als passend oder unpassend zu der eingenommenen Funktion angesehen wird. Dies innerseelisch gut zu bearbeiten, ist durchaus anspruchsvoller als gemeinhin angenommen wird. Nicht zuletzt deshalb finden die Kommunikationen zu diesem Leitprozess häufig verdeckt in Hinterzimmern, in Kantinen, in Cliquen von Gleichgesinnten statt und bestimmen viele Handlungen (Konkurrenz, Zusammenhalt, Mobbing, Aussitzen, Austricksen, Verheimlichen, Verschleiern, Rechtfertigungen, Sündenbock suchen etc.). All das wirkt sich auf die Motivation der Mitarbeiterinnen und Mitarbeiter aus (Karrierechancen) sowie auf die Qualität der Arbeitsergebnisse und auf die künftigen Überlebenschancen der Organisation. Ebenso deutlich wird die enge Verzahnung mit der Psychodynamik der Mitarbeitenden.

Die Prämisse »Person«

Von der Organisation her gesehen sind Personalentscheidungen eine Prämisse für viele andere Entscheidungen. Kommt eine neue Führungskraft, gehen alle davon aus, dass diese sachlich anders, für und gegen andere Mitarbeiterinnen und Mitarbeiter und zu anderen Zeitpunkten entscheiden wird. Damit kann sich das Entscheidungsmuster der Organisation von jetzt auf gleich verändern (oder der neue Chef, die neue Chefin gleicht sich dem vorhandenen Muster in der Organisation nach einigen Monaten an). Wie immer – Personen und ihre oft hohe Vorhersagbarkeit im Verhalten (»So ist sie halt, die Chefin«) haben ohne Zweifel höchsten Einfluss auf Entscheidungen in Organisationen. Der Leitprozess Personal greift demnach die Erkenntnisse auf, welche die systemtheoretische Organisationstheorie in den letzten zwanzig Jahren erarbeitet hat. Personalentscheidungen – Einstellung, Kündigung, Versetzung, Personalentwicklung – lassen sich hier in ihrer Höchstrelevanz für Organisationen theoretisch nachzeichnen und begründen. Gleichzeitig wird der Begriff Karriere theoretisch besonders wichtig, da in ihm die Interessen des Organisationsmitglieds und die Beobachtung auf Eignung für die Rolle zusammenkommen.

Die Passung der Person

Der Unterscheidungspol »passend«, den wir hier für den Leitprozess Personal nutzen, meint, dass Organisationen immer die *Relation* von »Stelle« und »Person« beobachten. Sie können nicht anders als entscheiden, ob zwischen Stelle und Person eine »Passung« besteht (oder nicht). Das Wort »passend« ist also keine Bezeichnung für die Person (im Sinn von Eignung)! Es ist stattdessen eine Aussage darüber, dass die Organisation eine bestimmte Person für die Entscheidungsvorgänge nutzen möchte, die mit der entsprechenden Stelle oder Rolle verknüpft sind. Die Gründe, die zu einer solchen Einschätzung führen, können unendlich variieren: Fachkompetenz (oder Inkompetenz, etwa um die Vorgesetzte oder den Vorgesetzten nicht infrage zu stellen), Temperament, Kommunikationsverhalten, Ausbildung, soziale Herkunft, Vertrauen von oder Loyalität zu Mächtigen, Akzeptanz im Umfeld u. v. a. m. Meist gibt es offizielle und inoffizielle Faktoren! In Summe dient all das auch dem Interesse der Organisation, nicht zu erstarren.

Egal welche Gründe – die Entscheidung für eine Person an einer Stelle ist ein wichtiger Vorgang. Dieser wirkt sich auf alle anderen Leitprozesse aus: Wie risikoaffin oder -avers, wie regel- und kontrollorientiert, wie kunden- oder kostenzentriert, wie »gutsherrenartig« oder teamorientiert jemand entscheidet, wie konservativ oder progressiv, komplexitäts- oder steuerungsliebend jemand ist – all das stellt intensive Bezüge zu allen Leitprozessen her.

Erwartungen an Rollen und Stellen

Um die Passung einer Person zu einer bestimmten Stelle beurteilen zu können, muss man wissen, mit welchen Erwartungen diese verknüpft ist. Wer in Organisationen eine Stelle besetzt, übernimmt eine Rolle. Neuere Organisationsformen vergeben Rollen auch ohne Stellen (siehe einen ausführlichen Praxisbericht in Große u. Tillmanns-Estorf, 2018).

Stellen und Rollen können als Bündel von (stabilen) Erwartungen verstanden werden (»Hol schon mal den Wagen, Harry!« oder »Darf es noch etwas Kaffee sein, Frau Vorsitzende?«). Wer Mitglied in einer Organisation ist, muss bereit und fähig sein, die Rollenanforderungen zu erfüllen, die an eine Stelle oder eine Aufgabe geknüpft sind. Diese haben einen sachlichen Aspekt (»Chef, wie soll die Präsentation aussehen?«), einen sozialen (»Chef, ich gerate mit der Huber einfach ständig aneinander!«) und einen zeitlichen (»Chef, wie ist denn der Plan für nächstes Jahr?«). Aus der Sicht eines Mannes formuliert, bedeutet dies, dass man als Stelleninhaber meist auch unterschiedliche Rollen innehat: Man ist Chef für seine Mitarbeiter, Mitarbeiter für seinen Chef, Projektleiter für ein Kollegenteam, Ansprechpartner für interne und externe Kunden, Mitglied im Betriebsrat und Kapitän der Volleyball-Betriebsmannschaft. Das bringt die Herausforderung mit sich, angemessen mit der Vielzahl der »Hüte« umzugehen. Hier tun sich für den Rollenträger selbst wie auch für seine Kommunikationspartner eine Menge Fallen und oft recht dysfunktionale Rollenmischungen auf.

Von der Wichtigkeit, »unpassende« Mitarbeitende zu haben

Um das Zusammenspiel einer Person und der Stelle/Rolle als »unpassend« zu beobachten, braucht eine Organisation Bezugspunkte, die eine solche Unterscheidung möglich machen. Unpassend in welcher Hinsicht? Für wen? Wann? Wieso? Weil dies sehr viel rätselhafter ist, als man möchte, versorgen sich Organisationen mit zwei Hauptmitteln für die Entscheidungsgrundlage: Stellenpassung und Interaktionspassung. Das eine sind Stellenbeschreibungen und -erfordernisse, Kompetenzprofile und -landschaften, Assessments und Feedbackverfahren etc. Das andere beschreibt die Kompatibilität mit dem bzw. der Vorgesetzten oder anderen in der Organisation formell oder informell verankerten Entscheidungsträgerinnen und -trägern (etwa Teammitglieder, Kolleginnen, HR-Funktionen, Aufsichtsräte, Inhaber, Beiräte, Wirtschaftsprüferinnen, Berater).

Aus dem Mit- und Gegeneinander solcher Bezugspunkte entstehen permanente Beobachtungsvorgänge in Organisationen: »Jetzt ist er zwar im Talent-Pool, aber die Management-Attention haben andere!«; »Komisch, das Assessment hat sie als Beste bestanden, aber die Stelle hat sie nicht bekommen!?«; »Jetzt hat er schon dreimal ein Projekt an die Wand gefahren, aber immer wieder fällt er auf die Füße!«; »Von einem Tag auf den anderen war sie weg!«. Die Kriterien für »unpassend« sind oft im Informellen und in der Organisationskultur verankert und verborgen. Das ist einer der Gründe, warum von außen kommende Manager und Managerinnen oft überraschend schnell scheitern oder von Organisationen wieder »ausgespuckt« werden. Deshalb kann man am Leitprozess Personal und an der Art und Weise, »unpassende« Mitarbeitende zu haben, so viel über die herrschende Organisationskultur lernen!

Die Funktion von Mitgliedschaft

Als Mensch wird man an eine Organisation über die Mitgliedschaft gekoppelt. Warum machen Menschen das? Wie schaffen es Organisationen, Menschen zur Mitgliedschaft zu bewegen? Der metatheoretische Anknüpfungspunkt ist, wenn es um psychische Motivation geht, immer die Bedürfnisregulation: Menschen tun etwas, weil Bedürfnisse befriedigt oder weil unangenehme Gefühle (Ängste) vermieden werden können, und sie tun etwas nicht, weil Bedürfnisbefriedigung schwer bzw. unmöglich wird oder unangenehme Gefühle (Ängste) aufzukommen drohen.

Stefan Kühl (2011) listet in seinem kleinen Einführungsbuch zu Organisationen fünf Varianten auf, wie Organisationen Mitgliedschaft stimulieren: Geld, Zwang, Identifikation mit dem Zweck der Organisation, Attraktivität der Handlungen und Kollegialität. Untersucht man den Bezug zur Bedürfnisregulation, sieht man, dass alle genannten Möglichkeiten eine direkte Verbindung zu Grundbedürfnissen haben (siehe Eidenschink, 2019, S. 59 f.):

- »Geld« ermöglicht Sicherheit und Freiheit und reduziert Ängste vor Ungewissheit,
- »Zwang« unterbindet Freiheit und reduziert Angst vor eigenen Entscheidungen,
- »Identifikation mit dem Zweck« ermöglicht Einzigartigkeit wie Zugehörigkeit und reduziert Identitätsängste und die Angst vor Verantwortung,
- »Attraktivität der Handlungen« ermöglicht Einzigartigkeit und Freiheit und reduziert Angst vor Anpassung, Routinen und Disziplin,
- Kollegialität ermöglicht Nähe und Zugehörigkeit und reduziert Angst vor Isolation und Ausgestoßensein.

Es ist nicht zufällig, dass das Grundbedürfnis »Distanz« nicht vorkommt, da Menschen, die dies besonders wollen, eher in der Selbstständigkeit zu finden sind. Sie versuchen, sich von Organisationen und den damit einhergehenden Abhängigkeiten und Kommunikationspflichten (Nähe!) fernzuhalten.

Die Funktion von Karriere

Karriere ist zweifelsohne ein imposantes Phänomen der Gesellschaft, das durch Organisationen so richtig Karriere gemacht hat (siehe Luhmann, 2000a, S. 297 ff.). Sie ist wesentlicher Bestandteil sozialer Identität (jedenfalls in den Industrienationen). Musste man sich im 18. Jahrhundert noch vornehmlich im Leben darum kümmern, dass man sich bei der Alternative »Heil oder Verdammnis« für das Heil empfahl, so entkommt heutzutage keine Person der Frage: »Welche Karriere hast du (nicht) gemacht?« Wer sagen will, was er ist, muss meist auch sagen, ob und wo er Karriere gemacht hat. Da dies für die soziale und psychische Identität so bedeutsam geworden ist, sind auch Organisationen in der Gesellschaft bedeutsam geworden – und umgekehrt. So kann man Karriere – mit Luhmann – als einen entscheidenden Koppelungsmechanismus zwischen Organisation und

Person ansehen. Karriere machen heißt, sich für Stellen, Rollen und Funktionen vorzubereiten, zu empfehlen, sie zu erobern oder zugeteilt zu bekommen, sie zu bewahren und sich neuerlich vorzubereiten. Organisationen können mit Karrierechancen bei Personen punkten und Personen werten die Geschehnisse in einer Organisation immer auch daraufhin aus, ob diese karrierefördernd, -neutral oder -hemmend sind. Für die Beratung an der Leitunterscheidung Personal sind daher alle Faktoren, die mit dem Kontext »Karriere« verknüpft sind, von Belang. In Summe ist schlicht zu beobachten, dass das Koppelungsinstrument Karriere in den letzten Jahren deutlich an Relevanz verloren hat und die Eigenständigkeit des beruflichen Entwicklungswegs von den klassischen Konzernkarrieren immer mehr an Bedeutung gewinnt.

Die Funktion von »Potenzialen« von Mitgliedern

Potenzial ist einer der beliebteren Begriffe im Kontext Personal und Personalentwicklung: Potenzialträger, -entwicklung, -analyse u. a. m. Was sind Vor- und Nachteile dieses Begriffs? Zunächst meint er in den meisten Fällen, dass ein Beobachter (also ein PE-Verfahren, ein Vorgesetzter, die HR-Abteilung, eine Headhunterin, ein Team) die Hypothese vertritt, dass ein (kommendes) Organisationsmitglied Verhaltensmöglichkeiten hat, die (noch) nicht aktualisiert sind.

   Potenzialzuschreibung ist also eine Annahme über die Zukunft. Damit ist sie per se riskant. Sie führt aber meist auch eine sachliche Einschränkung mit sich, weil das Potenzial an einen Kontext XY gebunden ist – also etwa Führung oder eine bestimmte Funktionsebene oder einen Verantwortungsbereich. Potenzial ist allerdings immer auch sozial limitiert, da ja die Beobachter und Beobachterinnen des Potenzials nie frei von Interessen und eigenen Perspektiven sind und daher auch nie eine »objektive« Aussage gemacht werden kann. Dennoch verselbstständigen sich Potenzialzuschreibungen in Organisationen oft. Wer einmal Potenzial »hat« (oder auch nicht), der »hat«

es (oder auch nicht), weil die Komplexität der Leitunterscheidung Personal auf diese Weise deutlich reduziert werden kann. Man weiß, auf wen man zu achten hat und auf wen nicht.

Eine meist mitgeführte Annahme ist, dass Personen, denen Potenzial zugeschrieben wird (»Aus dir wird noch was!«), dies selbst auch so sehen bzw. automatisch motiviert sind, dieses zu entfalten und dorthin zu wollen, wofür sie als geeignet angesehen werden. Es entstehen also einerseits leicht Zugzwänge für die Betroffenen, andererseits bilden sich auf der psychodynamischen Bühne auch rebellische, verweigernde oder belastende Affekte, die dann eine mögliche Entwicklung eher erschweren.

2.12 Entscheidungen ohne Grund

Praxisbeispiel für die Verstrickungen aller Leitprozesse

Eine globale Schweizer Non-Profit-Organisation ist wirtschaftlich in Schieflage geraten und hat das Stiftungsvermögen bedrohlich aufgezehrt. Der neue CEO, geprägt durch seinen MBA an einer Schweizer Kaderschmiede, wünscht ein globales Kennzahlensystem, das vor allem die Regional- und Akquisitionsstrukturen effizienter und für das HQ vergleich- und steuerbarer machen soll. Mit wachsender Informationslage beginnt ein intensiver Positionenstreit: Das HQ bemängelt zu hohe Kostenstrukturen der Regionalbüros sowie ungenutzte Geldmittelpotenziale der Geber; die Regionaleinheiten monieren die zu hohen Umlagen bei zu geringem Service der Zentrale; die Regionalleiter verwickeln sich untereinander in Kostenvergleichen statt eng in überregionalen Projekten zu kooperieren und die Mitarbeitenden kritisieren die kapitalistische Zweckverschiebung, wo doch das entwicklungspolitische Ziel im Vordergrund zu stehen habe. Die ursprüngliche Einführung des Kennzahlensystems wird so Anstoßpunkt für eine intensive Strategie-, Struktur-, Personal- und Kulturdiskussion in der Organisation. – Es dauert letztlich mehrere Jahre, bis einheitliche Basiskennzahlen nutzbar sind.

Keiner der geschilderten Leitprozesse ist in seiner Musterbildung unabhängig von den anderen acht. Die Wirkzusammenhänge sind rückbezüglich und verschachtelt. Wer an einer Stelle zieht oder drückt, bekommt es – meistens mit Zeitverzögerung – an anderer Stelle mit unerwarteten Auswirkungen zu tun. Das Problem in einem Leitprozess ist häufig die Folge von blinden Flecken an anderen Stellen. Das Geflecht und die damit einhergehenden wechselseitigen Einflussnahmen, Begrenzungen und Kombinationen sind nicht zu überblicken, nicht zu kalkulieren und nicht zu planen. Das bedeutet jedoch unmittelbar, dass Entscheidungen in Organisationen keinen Grund haben, da niemand weiß, was entschieden wird, wenn entschieden wird. Entscheidungen werden nötig, da gehandelt werden muss, nicht weil der Zweifel endet (Kühl, 2015, S. 643 ff.; Ortmann, 2011, S. 42). Die unbekannten Hintergründe, die internen Abhängigkeiten, die zeitgleichen Parallelprozesse, die unkalkulierbaren Reaktionen auf die Entscheidung, die nicht kontrollierbaren Folge- und Gegenentscheidungen an anderer Stelle, die unbekannten kurz- und mittelfristigen Nebenfolgen – all das führt dazu, dass Entscheidungsprozesse ein Eigenleben führen. Sie lassen sich nicht festzurren und überwachen. Sie haben keinen Grund, sondern sind im engen Sinn des Wortes »strömend«. Organisationen sind also sehr viel mehr als »Prozess des Organisierens« zu begreifen (Weick, 1998).

Es gibt noch einen weiteren Aspekt der Grundlosigkeit von Entscheidungen. Da Entscheidungen – wie inzwischen sehr deutlich geworden ist – immer auf gleichwertigen Alternativen beruhen, gibt es für die Wahl keine rationalen Begründungen, sondern nur Begründungen, die die Willkür in jeder Entscheidung unsichtbar macht oder mildert. Dadurch werden sie aber nicht beliebig, sondern bleiben wichtig, da soziale Systeme wie Organisationen nur mit einem beschränkten Maß an Unsicherheit zurechtkommen. Sie müssen wissen, wer warum wann zu welchem Zweck was entschieden hat. Nur so kann darüber kommuniziert werden, und nicht alles löst sich in Beliebigkeit auf. Entscheidungen, die grundlos sind, weil sie auch anders hätten fallen können, werden nicht haltlos, sie schaffen sich ihre Gründe, damit sie Akzeptanz finden.

Hat man dies vor Augen, führt das zu einer Entlastung aller Entscheidungsprozesse und der ihnen zugeordneten Entscheiderinnen und Entscheider. Entscheidungen werden so – scharf formuliert – zum Raten auf hohem Niveau. Wenn aber alle raten, was für eine unbekannte Zukunft das Beste ist, könnten die Konflikte um die »richtige« Entscheidung weniger scharf werden. Dies lässt sich sowohl im Management als auch im Beraten von Organisationen nutzen. Aus unserer Sicht bietet das Denken in Leitunterscheidungen ein Modell, das der realen Komplexität der Organisationen sehr nahekommt – somit entstehen hohe Beratungsrelevanz und Anwendungstauglichkeit, weil man schnell forschen, beobachten und irritieren kann.

3 Konsequenzen für Beratung in Organisationen

Was sind die für Beraterinnen und Berater wichtigen Konsequenzen, die sich aus diesem system- und metatheoretischen Verständnis von Organisationen ergeben? Was sind gängige Narrative von Organisationsberatung, die sich aus unserer Sicht nicht aufrechterhalten lassen?

3.1 Organisationen brauchen Beratung in der Zeitdimension

Denkt man über den Prozess des Organisierens nach (statt über Organisationen), ist man damit konfrontiert, dass die Zeit als Theoriedimension ebenso bedeutsam wird wie sachliche und soziale Fragestellungen. Selbsterhalt und Selbstorganisation sind Vorgänge in der Zeit. Nicht nur was und wer, sondern auch …? Es drängt sich das Wörtchen »wann« auf, um den vorigen Satz abzuschließen. Aber »wann« reduziert die Zeit auf einen Zeit-Punkt. Dies ist ein mehr als unzureichendes Verständnis von Zeit, wie es allerdings in weiten Teilen insbesondere der Naturwissenschaften üblich ist. Versteht man Zeitlichkeit als komplexe Matrix von Vergangenheit, Gegenwart und Zukunft, die ineinander verschränkt sind, gewinnt man ungewohnte Perspektiven (Picht, 1999, 1992; Jahraus, 2003; Luhmann, 1993; Nassehi, 2008; Baecker, 2011, S. 310 ff.). Dies sei hier nur angedeutet (Eidenschink, 2016).

Was geschieht gleichzeitig in Organisationen, was nacheinander, an was wird sich erinnert, was wird vergessen, was wird künftig erwartet, vermieden und angestrebt? Welche Erwartungen und Hoffnungen haben Chancen auf Thematisierung, welche schon einmal ausgeschlossenen Alternativen sind neu ins Spiel zu bringen? Was hat

Ereignischarakter und wie schafft es die Organisation, etwas dauerhaft stabil zu halten? Zeit wird so zur identitätsstiftenden Kraft.

Das wichtigste Element der Sinndimension Zeit für Beratung ist »Kontingenz«. Kontingenz meint: Es könnte auch anders sein. Daher ist der wichtigste Schritt in der ersten Phase eines Beratungsmandates, Klarheit zu schaffen, was kontingent werden und was unangetastet stabil oder vernachlässigt bleiben soll (siehe Leitprozess Vergangenheitsbehandlung). Dabei ist im Blick zu behalten, dass das Erzeugen von Kontingenz in aller Regel Ängste und Unsicherheit mit sich bringt. Ein Kunde, der nur begeistert von dem ist, was Beratung mit sich bringt, ist meist ein Zeichen dafür, dass man die heiklen Punkte nicht auf dem Radar hat.

Beratung, die die Zeitdimension nutzt, arbeitet insbesondere auch aus dem Bewusstsein, dass jedes System sowohl Gefahren- wie Risikostrategien braucht und nicht alle möglichen Zukünfte als Szenarien mit Risiko bearbeiten kann. Das würde die Ressourcen überfordern und die Kräfte für die Gefahren der künftigen Gegenwarten (mehr dazu siehe Eidenschink, 2020) zu sehr absorbieren. Dies verändert auch die Art der Planung der Beratung. Man konzipiert dann auf Basis seiner Beobachtungen, sieht alle Interventionsabsichten als Wahrscheinlichkeiten, die sich vollkommen anders entwickeln können. Das Geflecht und die damit einhergehenden wechselseitigen Einflussnahmen, Begrenzungen und Kombinationen sind nicht zu überblicken und nicht zu kalkulieren. Jedoch lassen sich Interventionen mithilfe der hier vorgestellten Leitprozesse entwickeln – situations- und organisationsspezifisch und mit hoher Aufmerksamkeit für ungeahnte Folgen.

3.2 Organisationen brauchen andere Beobachtungen

Wenn die Kernfrage von »Was ist richtig?« auf »Wie wird entschieden?« umgestellt wird, dann verbieten sich normative Theorieelemente. Stattdessen arbeitet man mit einer Entscheidungsheuristik, die die Konsequenzen der manifesten und latenten, also nicht explizit getroffenen Entscheidungen untersucht (Schein, 1995). Die (dynamisch-stabilen) Muster der Entscheidungsprozesse und der damit verknüpften Erwartungen werden benannt. Die Klientensysteme können (und müssen!) selbst erkunden, was von den beschriebenen Mustern funktional und dysfunktional ist, da sich nur im Klientensystem die Strukturen neu ordnen können. Systeme ändern sich auf Basis des systemtheoretischen Verständnisses ihrer operativen Geschlossenheit nur durch veränderte Selbstbeobachtung. Aber Organisationen können nicht ihre Losungen kennen und erarbeiten, solange wirksame *latente* Faktoren nicht auch auf dem Tisch sind. Das wird oft übersehen und damit dem Klientensystem zu viel Eigenkompetenz zugeschrieben.

Das heißt aber auch, dass damit ein Selbstverständnis von Beratung einhergeht, das nicht Wirkungen, nicht Lösungen, nicht Besserungen, sondern ausschließlich eine Beobachtungskompetenz und ein bestimmtes Vorgehen verspricht. Das Vorgehen besteht darin, die Ausgangssituation immer als latente Selbstbeschreibung der Organisation zu verstehen und nicht als Problemlage. Die Kunst von Beratung liegt dann darin, den Status quo so beschreiben zu können, dass er Sinn ergibt, und das, was ausgeschlossen wurde, der Organisation wieder verfügbar zu machen. Wie schafft eine Organisation es, in ungünstigen Verhältnissen zu verharren, und was passiert, wenn sie mit Beobachtungen konfrontiert wird, die ihr selbst nicht zugänglich waren? Um das beantworten zu können, muss man als Berater oder Beraterin latente Zusammenhänge erkennen können. Dabei helfen die beschriebenen Leitunterscheidungen in ihrem Zusammenspiel.

3.3 Organisationen brauchen Rätselfreundinnen und -freunde

Diese Theorie bedauert Unvereinbarkeiten nicht oder will sie abschaffen, sondern macht sie zum Kern des Denkens (dazu auch Simon, 2006, S. 104 ff., 2007, S. 121 ff.; Nassehi, 2020). Nur wenn in der Theorie die Spannungen in den Entscheidungsnotwendigkeiten einer Organisation abgebildet sind, kommt es nicht zu Kurzfrist- oder (Schein-)Lösungen, an denen das Management in der Praxis immer wieder scheitert. Es ist theoretisch wie praktisch ebenso einfach wie ungünstig, einen von zwei Polen einer Dualität zu optimieren und den anderen Pol zu übersehen, als nebensächlich oder falsch zu diffamieren. Ebenso falsch ist es, keinen der Pole stabil für einige Zeit besetzen zu können.

Damit soll keinem grundsätzlichen »Sowohl-als-auch« das Wort geredet werden. Beide Pole gleichzeitig werden leicht zu den beiden Heuhaufen, zwischen denen der sprichwörtliche (Entscheidungs-) Esel zu Tode kommt. Eine Theorie von Organisationen, wie wir sie versuchen, weicht Polaritäten, Ambiguitäten und Widersprüchlichkeiten nicht aus, sondern sieht in ihnen eine Ressource und einen Hinweis auf die darin entfaltete Einheit. Sie liefern das »Material«, das immer wieder neu für Entscheidungsbedarfe sorgt und der Organisation erst ihre Dynamik verleiht.

So ist also auch hier das Leistungsversprechen einer darauf aufbauenden metatheoretischen Beratung nicht eine Lösung, sondern Erkundung, ob das eine, das andere, ein Sowohl-als-auch, ein Weder-noch oder ein kompletter Wechsel des Bezugsrahmens nötig ist (zu den hier genannten vier logischen Werten siehe Varga von Kibéd, 2003). Dies ist immer verbunden mit der Möglichkeit, dass die Lösung für das Heute zum Problem für das Morgen werden kann.

3.4 Organisationen brauchen Konflikt und Konsens

Beratung wird oft bei Dauerkonflikten, bei Veränderungsdruck oder festgefahrenen Lagerbildungen gesucht. Dabei ist häufig die implizite Verbesserungsidee, den Konflikt in Richtung Konsens zu entwickeln. Selten werden Berater und Beraterinnen gesucht, die Konsens in Konflikt überführen oder den Nutzen eines bestehenden Konflikts klarer herausarbeiten sollen. Diese Theorie geht davon aus, dass – erstens –

Konsens wie Konflikt sowohl hilfreich als auch schädlich sein können und dass – zweitens – Organisationen nicht wählen können, *ob*
sie (bestimmte) Konflikte bearbeiten, sondern nur wo und wie und
von wem. Konflikte an der falschen Stelle sind so schädlich wie Konsens an der falschen Stelle. So kommt der Analyse von Konflikt- und
Konsensmustern in Organisationen ein hohes Augenmerk zu. Mächtige entlasten sich häufig durch Verschiebung von Konflikten nach
»unten«, genauso wie Mitarbeitende das Gleiche tun durch Verschiebung nach »oben«. Konsens wird oft gepflegt zulasten nicht invol-
vierter oder abwesender Dritter. Organisationstheorie braucht somit
ein Verständnis von organisationalen Konflikten. Die Organisation
selbst ist auf gangbare Wege angewiesen, wie sich für eigentlich nicht
konsensfähige Probleme – etwa, weil es immer Verliererinnen und
Verlierer geben wird – dennoch haltbare Verständigungen erzielen
lassen. Zudem braucht es ein Konzept darüber, welches die grundlegenden Konfliktlagen in Organisationen sind und wie diese Wege
finden können, strukturelle Konflikte zu regulieren, ohne dass sie sich
sachlich, sozial und zeitlich überlasten.

All diese Anforderungen an eine organisationale Konflikttheorie
sind denkerisch nicht zu meistern, wenn die Zielvorstellung im Raum
ist, dass es konfliktfreie Organisationen geben könne oder Konflikte
sich mithilfe einer richtigen Lösung sachlich auflösen ließen. Alle
sozialen Systeme erzeugen Widersprüche, da Kommunikation ohne
»Nein«, ohne Ablehnung von Mitteilungen zum Erliegen käme (Luhmann, 1987, S. 497 f.). Konflikte sind nie nur Sachprobleme, sondern
Konsequenzen unterschiedlicher Interessenlagen und Beobachtungs-
positionen. Folglich sind Konflikte das Wahrscheinliche und Konsens
das Unwahrscheinliche. Diese Asymmetrie von Konflikt/Konsens hin
in Richtung Konflikt ist für die Selbststabilisierung von Organisationen eine permanente Aufgabe. Hier hat Hierarchie eine ihrer wichtigsten Funktionen. Sie begrenzt Konflikte, errichtet Kommunika-
tionssperren, weist Verantwortung zu und trifft Entscheidungen. Wer
Hierarchie abschafft, braucht Alternativen der Konfliktbegrenzung.
Konsens kann dagegen nicht verordnet werden, auch nicht gemacht

(im Gegensatz zum Konflikt). So braucht eine Organisation mehr oder anderes als Hierarchie, um die Probleme zu bearbeiten, die sich eben durch hierarchische Prozesse nicht lösen lassen.

3.5 Organisationen brauchen einen Blick auf ihre innere Spaltung

Jedes System, das sich verändern möchte, stellt selbst den Zustand her, den es verändern will. Systemtheoretisch gesehen operiert jedes System mit zwei Subsystemen: eines, das den Status quo erzeugt und stabil hält, und eines, das mit dem Status quo unzufrieden ist. »*Wir* wollen *uns* verändern …!«: Wer will hier wen verändern? Wenn der Status quo vollkommen dysfunktional wäre, gäbe es ihn nicht. Folglich: Jede Veränderungsabsicht (eines Subsystems) erzeugt Beibehaltungsaktivitäten (beim anderen Subsystem). Aus diesem Grund gilt es immer, *beide* Subsysteme in Beratung zu berücksichtigen, wenn man sich mit der Dynamik eines Systems beschäftigt. Sonst erfolgt im System eine Spaltung in »Veränderungstäter« (= die, die sie anordnen) und Veränderungsopfer (= die, die sich verändern sollen). Diese ist so gut wie immer dysfunktional, weil beide Systeme nicht die Motive der anderen verstehen: Der veränderungsaffine Pol versteht nicht den Nutzen des Bestehenden und die Risiken des Neuen; der stabilitätsaffine Pol versteht nicht den Nutzen des Neuen und die Risiken des Bestehenden. Zudem sind beide Seiten meist blind für die gemeinsam ausgeblendeten Gefahren. Auch muss man immer im Blick behalten, dass Veränderung Grenzen haben muss, da sonst die Selbstauflösung des Systems droht.

Aus diesen Überlegungen ergibt sich eine umfassende Konsequenz für die Dynamik von Veränderungen in Organisationen: Die Resonanzfähigkeit der Subsysteme der Organisation wird von überragender Bedeutung für die Möglichkeit gemeinsamen Wandels. Resonanzfähigkeit gründet im Wissen um Viel- und Mehrdeutigkeiten und im Wissen darum, dass die Welt stets Unerwartetes, Unbekanntes und

Ungeliebtes bereithält. Resonanz braucht zunächst nicht das Aktive, sondern das Pathische. Pathische Kompetenz besteht in der Fähigkeit, auf sich einwirken zu lassen. Oder – schärfer formuliert – sich mit dem möglichen Nutzen des Lästigen zu befassen. Dies weist auf eine wichtige und bislang unterschätzte Perspektive der Organisationstheorie hin. Veränderung in Organisationen braucht *psychische* Kompetenzen der Mitglieder wie Loslassen, Aufgeben, Anzweifeln, Verunsichern und Verunsichernlassen. Dass dies so wenig reflektiert und beraterisch relevant wird, ist schon deshalb erstaunlich, weil ja z. B. Desinvestieren, Umstrukturieren oder Kündigen eng mit Loslassen zusammenhängen.

3.6 Organisationen brauchen Kompetenz für »Glück und Leid«

Organisationen sind soziale Systeme, die sich über Mitgliedschaft mit psychischen Systemen koppeln. Damit organisieren sie sich immer über Rollen, egal wie diese genannt werden. Damit sind alle Organisationen selbstorganisiert, egal ob über Hierarchie, Projekte oder Circles, ob über Wasserfall oder Sprints, über Holacracy oder »command and control«. Alle (!) Formen organisationaler Selbstorganisationen motivieren einen Teil ihrer Mitglieder, während andere leiden, so wie alle Familiensysteme ihren Mitgliedern Leid zufügen und zugleich etwas Gutes tun. Die Welt in Summe ist ein Ort des Glücks wie des Schmerzes. Es gibt keinen Ort auf der Welt, der frei von Not ist oder nur Glück sicherstellt. Auch Organisationen nicht. Das ist nicht zynisch oder eine Rechtfertigung von unnötigem Leid, sondern eine Voraussetzung, um kompetente Beratung machen zu können. Es braucht eine Haltung, die beiden menschlichen Erlebensformen Respekt zollt, weil beides funktional und dysfunktional sein kann.

So geht es bei unserer Form der Beratung darum, welches Glück *und* welches Leid unterschiedlicher Mitglieder der Organisation für die Organisation funktional sind! Ebenso geht es darum, welche Wünsche und Beschwerden der Mitarbeitenden für eben jene günstig sind.

Nicht alles, was Mitglieder der Organisation möchten oder ablehnen, ist auch hilfreich und zukunftsträchtig. Nicht alles, was Organisationen anstreben oder ablehnen, ist für diese hilfreich. Aus unserer Sicht sind *pauschale* Verbesserungskonzepte meist Konzepte, die ihre Schattenseiten leugnen. Jede Veränderung in Organisationen verbessert und verschlechtert etwas – was, für wen und wann auch immer.

3.7 Organisationen brauchen Kompetenz für Gefühle der Mitarbeitenden

Einer der wirkmächtigsten Mythen unserer Kultur ist, dass Verhalten und Entscheidungen durch die Rationalität, den Verstand, das Denken, die Vernunft kalkuliert und gesteuert werden. Dabei kann jede und jeder schon am eigenen Leib erkennen, dass das unsinnig ist. Was alles wird vermieden aus Angst, wird erstrebt aus Gier und Eifersucht, wird unterbunden aus Schuld, wird untersagt aus Furcht, wird verfolgt aus Zorn und Wut, wird erduldet aus Liebe, wird verleugnet aus Scham, wird geglaubt aus Unsicherheit, wird ertragen aus Stolz, wird abgelehnt aus Unterlegenheit, wird fokussiert aus Eitelkeit, wird bekämpft aus Minderwertigkeit, wird verzögert aus Vorsicht, wird abgelehnt aus Kränkung, wird angestrebt aus Begeisterung, wird gut gemacht aus Freude, wird übertrieben aus Leidenschaft, wird genossen aus Lust usw. usf.?

Weil das so einfach zu wissen ist, kommt keine Beratung, die etwas auf sich hält, – egal ob Coaching, Team- oder Organisationsberatung – ohne Kompetenz im Umgang mit Gefühlen aus. Worin besteht nun diese beraterische Kompetenz? Sie hat in jedem Fall zwei Aspekte: der eine besteht im Umgang mit den eigenen Gefühlen und der andere im Umgang mit den Gefühlen bei der Kundin oder dem Kunden.

Zum Ersten ist es wichtig, Gefühle als das wesentliche menschliche Resonanzorgan zu verstehen. Gefühle koppeln Menschen wahrnehmungsseitig an die Welt. Was Gefühle hervorruft, wird zur relevanten Umwelt. Personen und ihre Absichten, Teams und ihre Beziehungsmuster, Organisationen und ihre Entscheidungsmuster sind u. a. gekoppelt über Gefühle. Daher brauchen die Beraterinnen und Berater zuallererst selbst einen umfassenden Zugang zu den eigenen Emotionen, damit sie dem Kunden oder der Kundin die differenzierte Resonanz zur Verfügung stellen können, die es braucht, um zu günstigen Interventionen zu kommen. Zugang zu den eigenen Gefühlen ist etwas anderes, als Gefühle zu haben und auszuagieren. Zugang bedeutet, Gefühle fein unterscheiden zu können. Zugang bedeutet, die Gefühle nicht zu bewerten in gute und schlechte, sondern jedes Gefühl willkommen zu heißen, gerade auch unangenehme. Zugang heißt, dem oder der anderen nicht die »Schuld« an den eigenen (unangenehmen wie angenehmen) Gefühlen zu geben, sondern sie als Antwort auf unbewusste Motive bei sich zu deuten. Erst dann werden Gefühle zu Indikatoren von Mustern beim Coachee, beim Team, bei der Organisation.

Viele Change-Projekte, die Gefühle berücksichtigen, arbeiten mit sogenannten positiven Gefühlen (Seliger, 2019): dem Wecken von Begeisterung, Wertschätzung, Leidenschaft, Glauben ans Gelingen etc. Daran ist nichts Schlechtes. Allerdings werden in den wenigsten Fällen unangenehme Gefühle wie Angst, Schuld, Scham durch angenehme Gefühle getilgt oder auch nur unwirksam gemacht. Wenn auch die Beratenden diese Emotionen übergehen und übersehen, bleiben die Kunden weiter mit diesen Ängsten, Schuld- und Schamgefühlen allein. Sie werden sich weiter sorgen, dass die anderen merken könnten, wie es wirklich in ihnen aussieht, werden weiter andere(s) abwerten, um nicht selbst in die Schusslinie zu kommen, werden sich weiter auf Kosten anderer optimieren, um ihrer eigenen Not zu entkommen. Beraterinnen und Berater brauchen demnach eine hohe Kontaktfähigkeit mit Menschen, die in emotionale Zustände kommen, die ihnen unvertraut sind und mit denen sie nicht ausgesöhnt sind.

4 Was brauchen die Beraterin und der Berater?

Wir sind überzeugt, dass gerade die Persönlichkeit (der Beraterinnen, Berater und aller, die in und mit Organisationen zu tun haben) darüber entscheidet, wie wirksam Beratung (und auch Führung) sein kann. Eine solche Persönlichkeit bespielt insbesondere folgende zehn Kompetenzfelder:

1. Unsicherheitstoleranz
Beratung geht Schritt für Schritt und lernt aus jedem dieser Schritte. Denn: Man kann am Anfang nicht wissen, was am Ende ein guter Zustand ist. Unsicherheit zu tolerieren und sie zu achten, ist ebenso unabdingbar wie der Verzicht auf Machbarkeitsfantasien.

2. Symbioseimmunität
Veränderungen erfordern in jedem System die Kenntnis und Infragestellung seiner Selbstverständlichkeiten. Das kommt weder immer gut an noch ist es immer erwünscht. Der Sog geht immer zur symbiotischen Anpassung. Unbequem sein – das muss gelernt sein.

3. Selbstwertstabilität
Neue Lösungen greifen nur, wenn man mit ihren Nachteilen ebenso einverstanden ist wie mit ihren Vorteilen und man den Vorteilen der alten Lösungen nicht hinterhertrauert. Beraterinnen und Berater brauchen einen guten Umgang mit Vorwürfen derer, die von der Veränderung nicht profitieren oder deren Erwartungen nicht erfüllt wurden. Zudem ist die innere Unabhängigkeit von Folgeaufträgen ein Teil der notwendigen Distanz zum Kunden, um nicht fälschlich zu schonen oder zu klüngeln.

4. Lotsenkompetenz

Lotse oder Lotsin in (zumeist unvereinbaren) Interessenlagen der Organisation zu sein, erfordert den Verzicht auf Zielerreichungsversprechen und den Wunsch, die Organisation zu heilen. Man begleitet Wege in unbekannten Gewässern. Sondieren können statt wissen müssen, Demut zeigen statt Lösungen zaubern, tasten statt zementieren – das ist die Beratungshaltung, die mit Komplexität zurechtkommt.

5. Überraschungsaffinität

Organisationen ähneln Kunstwerken: Sie formen Überraschungen und erfordern Wahrnehmung! Beratungskompetenz ist Wahrnehmungskompetenz und kultiviert Freude an Hindernissen und Ungeplantem. Das Sich-distanzieren von eigenem Wissen und die Neugier auf nicht Wissbares zeichnet Beratung daher aus.

6. Ambiguitätskraft

Organisationen, die täglich mit Brüchen und Widersprüchen umgehen müssen, profitieren nicht von »ein-fältiger« Beratung. Deshalb: Missverstehen ist so wichtig wie Verstehen, Konflikt so wichtig wie Konsens, Schnelligkeit so wichtig wie Beharrlichkeit, Sackgassen so wichtig wie Gelegenheiten, Einfachheit so wichtig wie Komplexität, Macht so wichtig wie Dialog und Autorität.

7. Emotionale Resonanzstärke

Nur was bemerkt wird, kann auch bearbeitet werden. Daher brauchen Beraterinnen und Berater eine hoch ausgebildete Resonanzfähigkeit. Nur wer Latentes und Subtiles schwingenderweise aufnehmen kann, wird die Beobachtungen machen können, die veränderungswirksam sind. Die mächtigsten Resonanzinstrumente von Menschen sind ihre Gefühle. Beratung nutzt und bearbeitet folglich immer auch die Affekte von sich selbst und die der Beratungskunden. Beratende, die nur denken und Angst vor Gefühlen haben, besetzen ein entscheidendes Kompetenzfeld nicht.

8. Reflexions- und Irritationsbereitschaft

Wenn »die Wahrheit« sich nicht mehr durch Objektivität begründen lässt, so wie es in unserer Denkart der Fall ist – wodurch dann? Luhmanns (2008) Mahnung dabei ist, dass »eine Mindestbedingung aller Rationalität in der Fähigkeit zur Selbstbeobachtung liegt« (S. 226). Auf Beraterinnen und Berater gemünzt heißt dies, dass man sich immer auch selbst verdächtigen muss, teilblind, falschwissend, resonanzgehemmt, unachtsam oder unverbunden bei der Kundin oder dem Kunden zu sein. Daher: Ohne die Demut und Bescheidenheit, immer wieder neu das zu hinterfragen, was man für richtig hält, und die problematischen Folgen seiner Handlungen anzuerkennen, ist keine Beratung denkbar. Andernfalls wird sie zu einer (schlechten) Form der Erziehung.

9. Erzählfreude

Beratung besteht im Kern auch im Beschreiben funktionaler und dysfunktionaler Muster. Solche Musterbeschreibungen präsentieren sich nicht logisch, sondern analog. Daher eignen sich Texte wie Parabeln, Gleichnisse, Skizzen, Sketche, Geschichten oder Vergleiche. Flussdiagramme sind zu trivial und zu eindeutig. Es gilt, mit Mehrdeutigkeiten, mit Auslegungsspielräumen, mit Verschmierungen, mit Projektionsflächen zu arbeiten. Darum gehört die Fähigkeit, Geschichten erzählen zu können, zu einer Beratungspersönlichkeit, die mit dem »Prozess des Organisierens« zurechtkommt.

10. Paradoxieverständnis

Wer Organisationen wie Maschinen behandelt, hat schon verloren. Beratung braucht eine Theorie, die Paradoxien nutzt, Konflikte fruchtbar macht, Widersprüche strategisch aufgreift, Führung als soziales Geschehen voller Brüche begreift und sich nicht in Optimierungszielen verliert. Dazu verhilft – so unsere Hoffnung – auch ein klein wenig dieses Buch.

5 Zuletzt

Letztlich beschränkt die Form »Buch« die Darstellung dieser Theorie deutlich. Jeder Textteil ist nur im Kon-Text wirklich verständlich. Die Zusammenhänge sind zudem zirkulär. Die Verweislogiken der Leitunterscheidungen sind multikausal und überdeterminiert. Nicht zuletzt aus diesem Grund ist unsere Theorie mit eigens programmierter Software im Internet dargestellt. Wer sein Nachdenken über die Inhalte dieses Buches vertiefen möchte, ist eingeladen, sich dort niederzulassen:

www.metatheorie-der-veraenderung.info

Literatur

Baecker, D. (2003). Organisation und Management. Frankfurt a. M.: Suhrkamp.

Baecker, D. (2011). Organisation und Störung. Berlin: Suhrkamp.

Baecker, D. (2020). Wozu Wirtschaft? Marburg: Metropolis-Verlag.

Clam, J. (2002). Was heißt, sich an Differenz statt an Identität orientieren? Zur Deontologisierung in Philosophie und Sozialwissenschaft. Konstanz: UVK Verlag.

Clam, J. (2004). Kontingenz, Paradox, Nur-Vollzug. Köln: Herbert von Halem Verlag.

Dahm, M., Brückner, A. (2017). Lean Management im Unternehmensalltag: Praxisbeispiele zur Inspiration und Reflexion. Wiesbaden: Springer Gabler.

Dörner, D. (2001). Die Logik des Misslingens. Reinbek: Rowohlt.

Eidenschink, K. (2016). Systemtheoretische Grundbegriffe (Zeit). In Metatheorie der Veränderung. https://metatheorie-der-veraenderung.info/wpmtags/systemtheoretische-grundbegriffe-zeit/ (Zugriff am 07.12.2020).

Eidenschink, K. (2019). Ohne Integration ist alles nichts. Skizze einer Metatheorie der Psychodynamik. In A. Ryba, G. Roth, Coaching und Beratung in der Praxis. Ein neurowissenschaftliches fundiertes Integrationsmodell (S. 45–73). Stuttgart: Klett-Cotta.

Eidenschink, K. (2020). Zukünftige Gegenwart. In Metatheorie der Veränderung. https://metatheorie-der-veraenderung.info/wpmtags/zukuenftige-gegenwart/ (Zugriff am 17.12.2020).

Foerster, H. von (1999). Sicht und Einsicht. Versuche zu einer operativen Erkenntnistheorie. Heidelberg: Carl-Auer.

Foerster, H. von (2008). KybernEthik. Leipzig: Merve Verlag.

Fritz, R. (2000). Den Weg des geringsten Widerstandes managen. Stuttgart: Klett-Cotta.

Fuchs, P. (2015). DAS Sinnsystem. Prospekt einer sehr allgemeinen Theorie. Weilerswist: Velbrück Wissenschaft.

Gairing, F. (2002). Organisationsentwicklung als Lernprozess von Menschen und Systemen. Zur Rekonstruktion eines Forschungs- und Beratungsansatzes und seiner metadidaktischen Relevanz. Weinheim/Basel: Beltz.

Gairing, Fritz (2017): Organisationsentwicklung. Geschichte – Konzepte – Praxis. Stuttgart: Kohlhammer.

Gendlin, E. (2015). Ein Prozess-Modell. Freiburg/München: Verlag Karl Alber.

Große, H.-W., Tillmanns-Estorf, B. (2018). Tasks & Teams. Die neue Formel für bessere Zusammenarbeit. Hamburg: Murmann.

Günther, G. (1991). Idee und Grundriß einer nicht-Aristotelischen Logik. Hamburg: Meiner.

Jahraus, O. (2003). Theorie – Prozess – Selbstreferenz. Systemtheorie und transdisziplinäre Theoriebildung. Konstanz: UVK Verlag.

Kieser, A. (Hrsg.) (2001). Organisationstheorien. Stuttgart et al.: W. Kohlhammer.

Kieserling, A. (1999). Kommunikation unter Anwesenden. Studien über Interaktionssysteme. Frankfurt a. M.: Suhrkamp.

Kruse, P. (2004). next practice – Erfolgreiches Management von Instabilität. Veränderung durch Vernetzung. Offenbach: GABAL.

Kühl, S. (2002). Sisyphos im Management. Die vergebliche Suche nach der optimalen Organisationsstruktur. Weinheim: Wiley-VCH Verlag.

Kühl, S. (2011). Organisationen. Eine sehr kurze Einführung. Wiesbaden: VS Verlag für Sozialwissenschaften.

Kühl, S. (Hrsg.) (2015). Schlüsselwerke der Organisationsforschung. Wiesbaden: Springer.

Kühl, S. (2020). Brauchbare Illegalität. Zum Nutzen des Regelbruchs in Organisationen. Frankfurt a. M./New York: Campus.

Lambertz, M. (2019). Die intelligente Organisation: das Playbook für organisatorische Komplexität (2. Aufl.). Göttingen: BusinessVillage.

Luhmann, N. (1964). Funktionen und Folgen formaler Organisation. Berlin: Duncker & Humblot.

Luhmann, N. (1987). Soziale Systeme. Grundriß einer allgemeinen Theorie. Frankfurt a. M.: Suhrkamp.

Luhmann, N. (1993). Gesellschaftsstruktur und Semantik. Studien zur Wissenssoziologie der modernen Gesellschaft. Band 3. Frankfurt a. M.: Suhrkamp.

Luhmann, N. (2000a). Organisation und Entscheidung. Wiesbaden: Westdeutscher Verlag.

Luhmann, N. (2000b). Vertrauen. Stuttgart: Lucius & Lucius.

Luhmann, N. (2004). Ökologische Kommunikation. Kann die moderne Gesellschaft sich auf ökologische Gefährdungen einstellen? Wiesbaden: VS Verlag für Sozialwissenschaften.

Luhmann, N. (2005a). Soziologische Aufklärung. Teil 3: Soziales System, Gesellschaft, Organisation. Wiesbaden: VS Verlag für Sozialwissenschaften.

Luhmann, N. (2005b). Soziologische Aufklärung. Teil 5: Konstruktivistische Perspektiven. Wiesbaden: VS Verlag für Sozialwissenschaften.

Luhmann, N. (2008). Ideenevolution. Frankfurt a. M.: Suhrkamp.

Luhmann, N. (2012a). Macht im System. Frankfurt a. M.: Suhrkamp.

Luhmann, N. (2012b). Macht (4. Aufl.). Konstanz: UVK Verlag.

Luhmann, N. (2016). Der neue Chef. Berlin: Suhrkamp.

Luhmann, N., Maturana, H., Namiki, M., Redder, V., Varela, F. (2003). Beobachter. Konvergenz der Erkenntnistheorien? München: Wilhelm Fink.

Miebach, B. (2009). Prozesstheorie. Analyse, Organisation und System. Wiesbaden: VS Verlag für Sozialwissenschaften.

Nagel, R., Wimmer, R. (2002). Systemische Strategieentwicklung. Modelle und Instrumente für Berater und Entscheider. Stuttgart: Klett-Cotta.

Nassehi, A. (2008). Die Zeit der Gesellschaft. Auf dem Weg zu einer soziologischen Theorie der Zeit. Wiesbaden: VS Verlag für Sozialwissenschaften.

Nassehi, A. (2020). Die letzte Stunde der Wahrheit: Kritik der komplexitätsvergessenen Vernunft (2. Aufl.). Hamburg: kursbuch.edition.

Oetinger, B. von (Hrsg.) (2000). Das Boston Consulting Group Strategie-Buch. Düsseldorf: ECON.

Ortmann, G. (2003). Regel und Ausnahme. Paradoxien sozialer Ordnung. Frankfurt a. M.: Suhrkamp.

Ortmann, G. (2011). Kunst des Entscheidens. Ein Quantum Trost für Zweifler und Zauderer. Weilerswist: Velbrück Wissenschaft.

Picht, G. (1969). Wahrheit, Vernunft, Verantwortung. Stuttgart: Klett-Cotta.

Picht, G. (1991). Glauben und Wissen. Stuttgart: Klett-Cotta.

Picht, G. (1992). Zukunft und Utopie. Stuttgart: Klett-Cotta.

Picht, G. (1999). Von der Zeit. Vorlesungen und Schriften. Stuttgart: Klett-Cotta.

Robertson, B. (2016). Holacracy. München: Vahlen.

Schein, E. H. (1995). Unternehmenskultur. Frankfurt a. M.: Campus.

Seliger, R. (2019). Einführung in Großgruppenmethoden. Heidelberg: Carl-Auer.

Simon, F. B. (2006). Einführung in Systemtheorie und Konstruktivismus. Heidelberg: Carl-Auer.

Simon, F. B. (2007). Einführung in die systemische Organisationstheorie. Heidelberg: Carl-Auer.

Simon, F. B. (2009). Einführung in die systemische Wirtschaftstheorie. Heidelberg: Carl-Auer.

Sprenger, R. K. (2002). Vertrauen führt. Worauf es im Unternehmen wirklich ankommt. Frankfurt a. M.: Campus.

Tenbruck, F. H. (1972). Zur Kritik der planenden Vernunft. Freiburg/München: Verlag Karl Alber.

Varga von Kibéd, M., Sparrer, I. (2003). Ganz im Gegenteil. Tetralemmaarbeit und andere Grundformen Systemischer Strukturaufstellungen – für Querdenker und solche, die es werden wollen. Heidelberg: Carl-Auer.

Weick, K. E. (1998). Der Prozess des Organisierens. Frankfurt a. M.: Suhrkamp.

Weick, K. E., Sutcliffe, K. (2003). Das unerwartete Managen. Wie Unternehmen aus Extremsituationen lernen. Stuttgart: Klett-Cotta.

Weizsäcker, C. F. von (1992). Zeit und Wissen. München/Wien: Hanser.

Whitehead, A. N. (1987). Prozeß und Realität. Entwurf einer Kosmologie. Frankfurt a. M.: Suhrkamp.

Wimmer, R. (2004). Organisation und Beratung. Systemtheoretische Perspektiven für die Praxis. Heidelberg: Carl-Auer.

Wimmer, R., Glatzel, K., Lieckweg, T. (2014). Beratung im Dritten Modus. Die Kunst, Komplexität zu nutzen. Heidelberg: Carl-Auer.

Zusätzliche Literatur

Baecker, D. (1999). Die Form des Unternehmens. Frankfurt a. M.: Suhrkamp.

Baecker, D. (2015). Posttheoretische Führung. Vom Rechnen mit Komplexität. Wiesbaden: Springer Fachmedien.

Deleuze, G., Guattari, F. (1977). Rhizom. Berlin: Merve Verlag.

Deleuze, G., Guattari, F. (1996). Was ist Philosophie? Frankfurt a. M.: Suhrkamp.

Derrida, J. (1997). Einige Statements und Binsenweisheiten über Neologismen, New-Ismen, Post-Ismen, Parasitismen und andere kleine Seismen. Berlin: Merve Verlag.

Drepper, T. (2003). Organisationen der Gesellschaft. Gesellschaft und Organisation in der Systemtheorie Niklas Luhmanns. Wiesbaden: Westdeutscher Verlag.

Klinkhammer, M., Hütter, F., Stoess, D., Wüst, L. (2015). Change happens. Veränderungen gehirngerecht gestalten. Freiburg: Haufe-Lexware.

Krizanits, J. (2009). Die systemische Organisationsberatung: wie sie wurde, was sie wird. Eine Einführung in das Professionsfeld. Wien: Facultas.

Kühl, S. (2000). Das Regenmacher-Phänomen. Widersprüche und Aberglaube im Konzept der lernenden Organisation. Frankfurt a. M.: Campus.

Luhmann, N. (2005c). Soziologische Aufklärung. Teil 6: Die Soziologie und der Mensch. Wiesbaden: VS Verlag für Sozialwissenschaften.

Luhmann, N. (2005d). Soziologische Aufklärung. Teil 2: Aufsätze zur Theorie sozialer Systeme. Wiesbaden: VS Verlag für Sozialwissenschaften.

Luhmann, N. (2005e). Soziologische Aufklärung. Teil 1: Aufsätze zur Theorie sozialer Systeme. Wiesbaden: VS Verlag für Sozialwissenschaften.

Ortmann, G. (2004). Als ob. Fiktionen und Organisationen. Wiesbaden: VS Verlag für Sozialwissenschaften.

Ortmann, G. (2009). Management in der Hypermoderne. Kontingenz und Entscheidung. Wiesbaden: VS Verlag für Sozialwissenschaften.

Simon, F. B. (1997). Die Kunst, nicht zu lernen. Heidelberg: Carl-Auer-Systeme.

Simon, F. B. (2010). Einführung in die Systemtheorie des Konflikts. Heidelberg: Carl-Auer.

Simon, F. B. (2013): Wenn rechts links ist und links rechts. Paradoxiemanagement in Familie, Wirtschaft und Politik. Heidelberg: Carl-Auer.

Simon, F. B. (Hrsg.) (1997). Lebende Systeme. Wirklichkeitskonstruktionen in der systemischen Therapie. Frankfurt a. M.: Suhrkamp.

Sütterlin, P. (2009). Dimensionen des Denkens. Dreiwertige Logik erklärt auf der Basis von Gotthard Günther. Norderstedt: Books on Demand.

Weizsäcker, C. F. v. (Hrsg.) (1989). Zeit und Logik bei Leibniz. Studien zu Problemen der Naturphilosophie, Mathematik, Logik und Metaphysik. Stuttgart: Klett-Cotta.